YAN JIANG LUO JI SI WEI

演讲逻辑思维

姚辉 —— 著

中央民族大学出版社
China Minzu University Press

图书在版编目（CIP）数据

演讲逻辑思维／姚辉著. —北京：中央民族大学
出版社，2018.10（2023.5 重印）

ISBN 978-7-5660-1535-8

Ⅰ.①演… Ⅱ.①姚… Ⅲ.①演讲—语言艺术
Ⅳ.①H019

中国版本图书馆 CIP 数据核字（2018）第 180501 号

演讲逻辑思维

著　　者	姚　辉	
责任编辑	王卫平	
封面设计	舒刚卫	
出版发行	中央民族大学出版社	

北京市海淀区中关村南大街 27 号　邮编：100081

电　话：(010)68472815(发行部)　传真：(010)68932751(发行部)
　　　　(010)68932218(总编室)　　　　(010)68932447(办公室)

经 销 者	全国各地新华书店	
印 刷 厂	北京鑫宇图源印刷科技有限公司	
开　　本	787×1092　1/16　印张：11.75	
字　　数	160 千字	
版　　次	2018 年 10 月第 1 版　2023 年 5 月第 3 次印刷	
书　　号	ISBN 978-7-5660-1535-8	
定　　价	52.00 元	

前言

　　马云不擅长互联网、不懂技术，创立了阿里巴巴。英国首相丘吉尔起初不擅长演讲、说话不清晰，不敢当众讲话，最终成了雄辩家。

　　你的不擅长，有时候隐藏着你的天赋。老天要想给你点什么，必先折磨你一番，看你能否经得住考验。能不能做好某事，取决于你对于某事的看法。

　　你的不擅长，足以隐藏你的天赋！

　　美国人类行为科学研究者汤姆仕曾说过："讲话的能力是成名的捷径。它能使人显赫，鹤立鸡群。能言善辩的人，往往使人尊敬，受人爱戴，得人拥护。它使一个人的才学充分拓展，熠熠生辉，事半功倍，业绩卓著。"无数成功的例子告诉我们，敢于讲话、善于演讲的人，才会最终取得成功。放眼望去，纵观世界历史，无论是政坛领袖、社会名流，抑或是商界精英，无一例外均具有超凡的演讲能力。

　　演讲，是演讲者的思想情操、修养学识、口才水准、个性魅力的外在体现，是演讲者举止言谈、礼貌表情的综合反映。通常情况下，演讲者一上场、一开口，就将自己的形象诉诸于听众的视觉中，用自己的思想感染、影响、征服听众。

　　在生活中，我们每一个人都希望自己能够出口成章、侃侃而谈，都希望自己妙语如珠，都希望自己能够在任何场合、任何地点，恰如其分地表达自己的观点和见解。然而，尴尬的是，并非是任何人都能做好演讲的。

演讲，不仅是一种艺术，更是一种技巧。所有的演讲技巧都来源于知识，正所谓"问渠哪得清如许，唯有源头活水来"，只有下一番功夫，多学、多练、多积累，抓住一切可以锻炼的机会及逆行磨练，才能实现自己的演讲梦想。

本书以此为出发点，为每一位渴望成为演讲大师的人提供了一条便捷的途径。全书采用了丰富的案例，将演讲技巧娓娓道来，给读者指明了一条明确的道路。

目录

第一章 演讲贵精不贵多、贵巧不贵繁

一、演讲是一门艺术

关于演讲，我们先来看一段演讲实录：

87年前，我们的先辈在这片大陆上建设了一个新型共和国，她崇尚自由，并献身于人生来平等的理想。

如今，我们进行了一场大内战，以考验这个共和国或任何一个受孕于自由和献身于上述理想的共和国能否长久地生存下去。我们在一个重要战场上聚集，为使这个共和国生存下去，烈士们献出了自己的生命。我们来到这里，就是要把这个战场的一部分奉献给他们作为最后的安息之所。我们这样做是完全应该且非常恰当的。

......

今天我们在这里所说的话，世界人民多数都不会注意到，更不会长久地记住，但勇士们在这里做过的事，全世界却永远不会忘记。

......

我们要从这些光荣的死者身上汲取更多的献身精神，来完成他们彻底为之献身的事业；我们要在这里下定最大的决心，不让这些死者白白牺牲；我们要使共和国在上帝保佑下得到自由的新生，使这个民有、民治、民享的政府永世长存！

（节选自《美国总统亚伯拉罕·林肯的葛底斯堡演讲》，有删减。）

美国总统都擅长演讲，美国四年一度的总统大选会，与其说是各方势力的较量，倒不如说是竞选者演讲能力的大比拼，最后的胜利者一般都是站在演讲台上口若悬河、激情四射、说服听众的优秀演讲者。在众多的美国总统中，亚伯拉罕·林肯被公认为口才最好的总统。他一生做过无数次的演讲，而这段演讲则是林肯的代表作。这篇短短的演讲，凸显了林肯的语言的魅力。

演讲能力是一个人成名的捷径，它能使人鹤立鸡群。能言善辩的人，更容易受到人们的尊敬、爱戴和拥护。无数成功者的事实告诉我们，敢于演讲，善于演讲，是成功的催化剂，直接关系着事业的成败。综观历史，但凡社会名流、商界精英等，无不拥有卓越的演讲能力。在每一次的演讲中，他们都能挥洒自如，都能散发出非凡的影响力，赢得世人的仰慕和敬重。

在各种当众讲话中，演讲是使用最频繁、最能展示个人的口才和影响力的一种，能够展现演讲者的思想情操、修养学识、口才水准、气质风度、个性魅力等，是演讲者的仪表、举止、礼貌、表情和谈吐的综合反映。演讲者一经上场，一经开口，就会把自己的形象诉诸听众的视觉，直接影响听众的评价和审美。成功的演讲者总能用各种方式让听众如痴如醉，影响和征服听众。

俞敏洪，是新东方的创始人，在各大高校和公共场合做过的演讲数不清，靠着独具一格的演讲魅力，征服了许多听众。有一段演讲是这样的：

> 人的生活方式有两种：一种是像草一样活着。你尽管活着，每年还在成长，但毕竟是一颗草；虽然吸收雨露阳光，但长不大。人们可以踩过你，不会因为你的痛苦而产生痛苦，不会因为你被踩了而来怜悯你，因为人们都没看到你。所以，每个人都应该像树一样成长。即使现在什么都不是，但只要有树的种子，即使被人踩到泥土中，依然能吸收泥土的养分，成长起来。也许两年、三年你长不大，但十年、八年、二十年，你一定能长成参天大树。长成参天大树后，在遥远的地方，人们就能看到你；走近你，你就能给人一片绿色、一片阴凉，能帮助别人；即使人们离开你，回头一看，你依然是地平线上一道美丽的风景线。树，活着是美丽的风景，死了依然是栋梁之才。活着死了都有用，这就是每个同学做人的标准和成长的标准……

> （节选自《俞敏洪在同济大学的演讲》，有删减。）

跟俞敏洪一样，几乎所有的演讲者，演讲的目的都是教育人、启迪人，提高听众的思想认识、文化水平。因此优秀的演讲者都具备科学思想，远见卓识，高瞻远瞩，识前人所未识，讲前人所未讲。

如果说教育是一门艺术，那么演讲就是艺术中的艺术、花中之花。花不能没有颜色，鸟不能没有翅膀，教育家的语言不能没有美感。形象思维与逻辑思维，是演讲的双翼。演讲者的责任就在于，用自己心中的火燃起听众心中的火。

演讲家，是永葆青春活力的人，是具有内蕴之力的人，能够通过惊人的爆发力，把自己内心积蓄的热量散发出来。他在台上的每一句话、每一个手势，都显示着内心那种坚不可摧的力量！

二、演讲的历史沿革

演讲学是一门既老又新的科学，其历史渊源可以追朔到古希腊、古罗马时期。文艺复兴后，英国的新古典主义运动促进了演讲修辞理论的发展。二十世纪以来，在美国，对演讲的研究已汇集成流，自成一套理论系统，不仅研究有效语言及表达方法，更关注演讲学发挥的社会作用。

现代演讲学以语言学、修辞学、心理学、社会学、传播学和行为方法理论为基础，形成与发展的基地是希腊、罗马、英国和美国。

希　腊

古希腊是演讲学的萌芽之地。大约公元前 500 年，古希腊由多个小城邦组成，城邦之间的语言和信仰基本相同，还具有相同的社会背景，因此城邦之间经常举行音乐、体育和演讲等活动。这就是演讲的萌芽。

大约公元前 480 年，雅典击败了波斯海军的入侵，成为古希腊各邦的领袖。随着国力的不断增强，古希腊的政治、商业和文化等得到蓬勃发展，演讲学也应运而生。

在古希腊兴起的演讲主要分为以下三类：

1. 辩论性演讲。雅典非常重视言辞表达，尤其是在诉讼之争时，无论原告或被告都要为自己的权益而辩护。诉讼时证据固然重要，但演讲辩论的技巧更是胜诉的关键，如此就促进了演讲技巧的形成与发展。这种辩论方法在古希腊兴起并且沿袭至今，也就成了今天法庭辩论性演讲的起源。

2. 评议性演讲。古希腊曾非常流行各种集会，鼓励人们发表主张，或评论他人的观点。在这些场合发表的演讲就是评议性演讲。

3. 表演性演讲。在节日庆典、纪念仪式和许多公共集会场合，古希腊人都会用演讲的形式来欢迎、赞美和嘉勉到会的人。这就是表演性演讲。

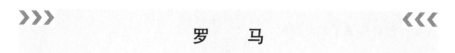

罗 马

罗马人都非常推崇希腊文化，罗马文化在很大程度上受到了希腊文化的影响。可是，罗马人不仅借鉴了希腊文化，还发展了希腊文化。西塞罗是一位积极的政治演讲家，经常活动于地中海各地，其著作《演讲学》系统地阐述了演讲学理论。他认为，演讲必须以语言学和人文科学为基础，演讲稿的结构布局上应包括：序言、论点、论证、反驳与结论，进一步完善了演讲结构理论。

昆狄连编著的《演讲教育学》论述了演讲可信度的问题，他认为，演讲人首先应具有高尚的人格，然后才能谈及演讲内容和演讲技巧；在表达方法上，先天条件固然重要，但后天训练更要重视。

英 国

19 世纪末期，在英国的新古典主义和纯文学运动中，演讲学的研究不断兴起与昌盛起来。著名学者布莱尔发表了《修辞与纯文学讲稿》，把演讲学的研究推向了一个新高潮。此书一时风行欧美，再版 63 次，还出了意大利文、俄文、西班牙文等译本，不仅是演讲理论研究著作，还是指导人们演讲的实用手册。布莱尔将心理学的理论溶入演讲学，提出了如何评价演讲修辞的整套理论。

英国著名哲学家培根，从方法学的角度，就演讲学的采证提出了崭新的论点。培根还指出,感官上造成的错觉,如固执的观念、狭隘的观念、漂浮不定的观念、过度的感情等,都会导致演讲推理上的错误。

在英国,演讲已经不是传播宗教的重要手段,在议会和其它公共场所,演讲也很流行。随着演讲之风的日渐兴盛,众多语言学家积极从事英语语言研究,尤其是在口语表达、语音与修辞、词汇与语义等方面,已经形成了系统理沦。

美　国

20 世纪以来,美国许多行为科学家对演讲学的研究汇集成流,从各方面对传统的演讲学理论加以分析研究,运用现代逻辑推理、信息交流和传播媒介等理论,来充实和发展现代演讲学。1966 年,美国教授伯楼、莱莫特与墨兹,用电脑与统计学方法测量了演讲者的可信度,得到了演讲者可信度的几个要素。

三、演讲不同维度上的分类

现实生活中,多数人都认为,演讲是比日常说话更高级、更成功、更完整的表达形式。那么,究竟什么是演讲?

其实,演讲就是当众把想要传递的信息用最清晰、最准确的语言表达出来,极富感染力和表现力。

演讲能力分为四个维度,这四个维度也是提升演讲能力必经的四个维度。

第一维度:会说不敢说

这就是很多人演讲要经历的第一个层次,会说,但不敢说。

胆怯、恐惧、紧张是打败很多演讲人的第一道关卡，心理上的畏惧让很多人都不敢说话。在现实生活中，虽然能很好地交流，口才也不错，但面对多人做演讲时，就像变了个人。紧张、结巴、脸通红，连一句完整的话都说不准确，即使准备了演讲稿，也像在背台词。对舞台太过恐惧，站在演讲台上就会感到紧张，整个人也会显得紧绷绷的；有的人甚至担心自己出洋相、被笑话，而放弃登台。

如何应对这种情状呢？首先，要多给自己一些信心。这个信心不是握紧拳头给自己加油，而是明白演讲的意义。只要站上演讲台，你就成了知识的传播者、给予者，是为了帮助台下的观众。这是一件非常有意义的事情，本就该无所畏惧。走上舞台，可能会因为紧张而两腿发抖，手心出汗，这时用眼神看着台下的某一位熟悉的观众；如果不敢对视，就看观众的头顶，但是不要左顾右盼。接着，保持微笑，因为微笑是最好的武器。

第二维度：会说不能说

演讲的第二个层次，是会说但不能说。

会说的人，敢说的人，在公众面前不一定能说好。对自己的思想或产品非常了解，如数家珍，但只要一在公众场合公开宣传自己的理念或产品，就讲不清楚。为什么不能说？因为自己知识浅薄，演讲内容不充分，还没有对其进行梳理，讲出来的语言没逻辑、没重点、没内涵。

如何来改变困境？首先，要调整自己的演讲思维。对于演讲者来说，框架思维非常重要。也就是说，要在演讲之前，对自己的演讲进行宏观的、全局的思考，让所有的细节，如语言、故事、语调、神态和肢体动作等都成为系统的一部分，为系统服务。

有了框架思维，就可以将演讲内容的信息串联和编排起来，演讲过程也就不会偏离主题了。

第三维度：能说不会说

有些演讲者知道演讲的内容、敢上台演讲，但是上演讲台之后却无法发挥出自己的真实水平，观众不买账。这就是演讲的第三个层次，能说不会说。很多人上了演讲台，喜欢照着演讲稿背诵，如此只能将一场演讲变成个人的独角戏。观众或许会觉得你讲的很有道理，但任何人都不会被你的演讲打动。

不会说，如何突破自己？要从舞台的表现力、语言的感染力等方面着手。演讲是一门语言艺术，主要形式是"说"，即运用有声语言并追求言辞的表现力和声音的感染力。同时，还要辅之以"演"，要运用面部表情、手势动作、身体姿态乃至一切可以理解的体态语言，将演讲艺术化，营造出一种特殊的舞台魅力。

第四维度：能说会说

达到这个层次的人，就很理想了，足以成为演讲专家。这就是演讲的魅力，此时无论做什么都极具竞争力。不管是招商现场，还是路演场合；不管是公司早会，还是年终总结，都能在舞台上挥洒自如。

四、演讲的基本要点

2015 年朋友圈一个视频演讲的点击率超过了 3100 万，它就是柴静的《穹顶之下》。其实，《穹顶之下》并不是第一个关于环境污染的演讲活动。在类似的演讲中，为什么独独受到如此关注呢？答案非常简单，除了主题和内容，演讲者的演讲能力也发挥了重要作用。

下面是《穹顶之下》的片段：

雾霾之上，穹顶之下，我们同呼吸，共命运。

2013年1月份北京，一个月头25天雾霾。那个月里，我去四个地方出差：陕西、河南、江西、浙江。回头看视频里的天空，当时的中国正被卷入一场覆盖25个省市和6亿人的大雾霾。在西安的那天晚上我咳得睡不着，便切了一只柠檬放在枕头边。回到北京后，我知道自己怀孕了。

听到胎儿心跳的瞬间，我觉得我对她没有任何别的期望——健康就好。但是，她被诊断为良性肿瘤，出生之后就要接受手术。我还没有来得及抱一抱她，她就被抱走的。我非常幸运，后来辞职陪伴她、照顾她，只要一家人在一起平安就好、健康就好。

以前我从来没有对污染感到过害怕，去哪我都没戴过口罩。将一个小生命抱在怀里，她的呼吸、吃喝，都要由我来负责，才感到害怕。那场雾霾持续了差不多两个月（2013年底），让我意识到这件事情不是偶然发生，也不可能很快过去了。

2014年整整一年的北京，只有空气和良的时候，我才能带她出门，但是这样的天能有多少？污染天数175天，这意味着一年当中有一半的时间我们不得不把她像囚徒一样关在家里。

连续40天空气影像记录显示：

> 天津2014年空气污染天数197天，
>
> 沈阳2014年空气污染天数152天，
>
> 成都2014年空气污染天数125天，
>
> 兰州2014年空气污染天数112天，
>
> 石家庄2014年空气污染天数264天。

有时早上女儿会站在阳台前面用手拍着玻璃，用这个方式告诉我她想出去。她总有一天会问我，妈妈，为什么你要把我关起来？外面到底是什么，它会伤害我吗？这一年中我做的所有的事情，就是为了回答将来她会问我的问题：雾霾是什么？它从哪儿来？我们怎么办？……

下面，我们就结合这篇演讲，从演讲的角度，来阐述一下演讲的基本点。

明确演讲目的

这段 103 分钟的演讲，披露了很多信息，表达了柴静的态度，提出了一些解决方案，同时号召我们要改变观念，采取行动。这篇演讲涵盖了四大演讲目的：陈述、解释、说服和激励。

柴静选择的话题是空气污染，一个极具影响力的话题，跟每个人都息息相关。这是一个确实存在的现实问题，触及到人类的五大需求之一：生存需求。虽然是柴静不太擅长的话题，但是因为做了大量的调研和走访，她已经成为了这个话题强有力的发言人之一。

另外，在演讲过程中，柴静站在普通人的角度，尊重观众，自问自答，把观众心中的疑惑一一解开；她感情真挚，情感自然流露，让听众沉浸其中。

确定组织结构

柴静对开篇、主体和结尾都做了清晰的划分，每个部分之间还有良好的过渡，听众跟随她的节奏，一点也不凌乱。从细节来看，论据充分，有归纳，也有演绎，完全符合金字塔原理对思维、写作和组织材料的要求。

合理讲述故事

故事具备一种抓力，能够牢牢地吸引听众往下听，往里去探寻。当柴静提出每个人都要问的三个问题时，她讲了女儿趴在窗边问问题；

当她想证明每天呼吸的空气有多污染时，讲了自己使用PM2.5捕捉仪器；当她想说明这不是我们国家独有的问题、可以得到解决时，她引用了英国伦敦大烟雾事件和洛杉矶如何治理大气污染……一系列亲身经历和历史事件强有力地佐证了每一个观点，深深地触动了每个人的认知。

>>> **穿插幽默之言** <<<

即使是如此严肃的话题，柴静也没有忘记幽默的强大力量。幽默，可以让听众放松下来，让他们以一种更容易接受的姿态聆听演讲。柴静讲到钢产量时，中国第一，河北第二，唐山第三，美国第四，大家已经开始笑了；之后，她停顿了一下，补充了一个"唐山当时还谎报是第五"更是令人发笑。

>>> **用情感打动人心** <<<

柴静是一个善于深度思考的文艺女青年，很多人可能觉得大部分时候她的演讲都比较严肃。不过，在这篇演讲中却能够感受到不同的情绪：愤怒、厌恶、恐惧、爱、幸福、悲伤、惊喜。7种情绪，让这篇演讲不再平淡，听众的心情也在跌宕起伏中最后跟随她走向了希望。

>>> **语言充满吸引力** <<<

首先，柴静将中心思想"同呼吸，共命运"反复出现在演讲中。朗朗上口和相同结构的短语使观众很容易地抓住了中心主旨，引起了共鸣。

另外，使用了大量富有浓浓文学气质的、有画面感的语言表达，比如："春天的时候门开着，风进来，花香进来，颜色进来。有的时候你碰到雨，或者碰到雾的时候，你会忍不住往肺里面深深地呼吸一口气。能感觉到碎雨的那个味道，又凛冽又清新。"

带着真诚去表达

通篇演讲没有出现不必要的停顿或重复，更重要的是，100 分钟的演讲，她依然把握好了语速和停顿，语言简洁有力，非常了不起。她那不做作、不戏剧化、娓娓道来的陈述和低沉但坚定有力的激励语气，让听众为之触动。

巧妙使用视觉辅助

在这篇演讲中，使用了各种可视化论据：图片、视频、柱状图、线形图、圆饼图等。最重要的是，每一次视觉辅助都确实胜过凭空描述。所谓"一图胜千言"，只要你的视觉辅助能胜过你的口头表达，就可以大胆使用。

保持最佳演讲状态

作为一个沟通高手，十几年的媒体生涯，柴静面对了无数的一对一、一对多的采访场面，经常会遇到很刁钻、极具挑战的问题和回答。有了这样的阅历，她自然不会出现紧张或失控。她从头到尾，精神饱满，情感真诚，镇定自若，信手拈来，娓娓而谈，自然亲切，理性真实地完成了演讲，极为震撼。

五、不可不知的演讲法则

跟其他沟通形式比起来，演讲是最简单的一种，也最能体现一个人是否会说话。原因就在于，虽然我们从牙牙学语开始就在学说话，并说了很多年，但很少有人敢于、敢对众人说话，很少有人能做到自然、流畅、清晰、生动地表述。

演讲的"难"主要体现在三方面：一是要克服演讲的紧张感；二是要满足观众的期待，达成预定目标；三是要营造一个或感动、或轻松、或肃穆的氛围，有效传达信息。而这一切，全凭演讲者的语言来实现。

演讲是一门艺术，需要掌握很多技巧与法则。我认为，要想将演讲成功，就要遵守三个法则：

 ## 具体化

下面这段演讲就很好地体现了具体化特点：

"孤胆英雄"的三门峡市公安局年仅 45 岁的排爆专家任俊卿。提起任俊卿牺牲的情景，当时在场而幸免于难的人都记忆犹新：那是 11 月 16 日下午 4 时 50 分，具有多年排爆经验的任俊卿经现场勘察，取样分析，判断此处为非法生产、储存烟花爆竹的"黑作坊"，现场遗留物品若不及时清理，很可能发生危险。他从容地指导民警和工作人员先对现场危险性不太大的一些鞭炮成品、半成品进行清理，并反复叮嘱大家：一定要小心搬运，逐一清理。

当时在现场的湖滨公安分局民警张辉回忆说，在清理过程中，任俊卿发现二楼的两间房子堆满了混杂的鞭炮成品、半成品和 10

多个装有不明物品的编织袋。他从楼梯爬上去，小心翼翼地解开袋子，查明里面全是黑火药，于是赶紧回头对大家说："这里太危险，你们都走远点，我来处理一下！"他劝在场所有人员一律靠后，远离危险地带，自己只身一人进行小心清理。

腿被炸飞100多米高，300多米远。英雄已逝，我们深切缅怀，向英雄致以无限的敬意。

由此可见，要想让自己的演讲吸引人，首先就要将内容具体化，不能含含糊糊。

典型语录：

老刘这个人很有力气，他能举起一辆摩托车。

紧张的抢救结束后，李明医生连拿起一杯水的力气都没有了。

限制题材

一旦确定了演讲主题，就要定出自己演讲的范围，并谨守于此范围内，千万不要广撒网。演讲时间只有三分钟，题目却是《从殷墟到2亿年》，全然的徒劳无益！范围不明确、涵盖太多的内容，就无法掌握听众的注意。因为人的思想不可能一直注意一连串单调的事实。把自己的内容限定在某一方面，有深度地讲开，演讲多半都会令人难忘。因此，演讲开始之前，必须对内容范围加以限制和选择，将题目缩小到某一范围内，适合自己使用的时间。

不断锤炼

围绕主题汇集着一百种思想，要舍去其中的九十九种。在确定了主题和内容后，要深入探究演讲题材，对传达给听众的思想进行精雕细琢。吃饭中，漫步中，甚至晚上躺在床上尚无睡意时，都可以思索一下演讲题材。比如：

> 上甘岭战役中，美军调集兵力 6 万余人，大炮 300 余门，坦克 170 多辆，出动飞机 3000 多架次，对志愿军两个连约 3．7 平方公里的阵地上，倾泻炮弹 190 余万发，炸弹 5000 余枚。

> 战斗激烈程度为前所罕见，特别是炮兵火力密度，已超过二次大战最高水平。我方阵地山头被削低两米，高地的土石被炸松 1—2 米，成了一片焦土，许多坑道被打短了五六米，举世闻名的上甘岭战役，持续鏖战 43 天，敌我反复争夺阵地达 59 次，我军击退敌人 900 多次冲锋。

> 16 个国家最精良的军队，最先进的陆海空立体军事集团，30 多个后勤支援国家，加在一起 40 多个国家的军事力量竟然被毛泽东的部队打得如此狼狈。

> 随手抓把土，能数出 30 多块弹片；一面战旗，被打穿 381 个弹孔；一截一米不到的树干上，竟然嵌进了 100 多个弹头和弹片。

这段演讲体现了战争是残酷的，和平是可贵的。

六、演讲提升和传递正能量

演讲不同于其他口语表达形式，具有很强的感染力。

鼓动和说服是演讲的重要特征，也是演讲的首要目的。优秀的演讲者都要以自己炽烈的感情去引发听众的感情之火，激励和鼓舞听众，引起他们的共鸣，从而达到影响听众的目的。基于这一点，演讲的内容必须积极向上，充满正能量。

马丁·路德·金凭着《我有一个梦想》的演讲，改变了美国白人歧视黑人长达两百多年的历史，改变了美国的法律和社会生活，是黑人社会地位转变的一个极为重要的转折点。

新民主革命时期，毛主席一句"星星之火，可以燎原"，鼓舞党和人民开辟了广范而稳固的革命根据地，为新中国的崛起奠定了坚实的基础。

1955年万隆会议上，周恩来总理一场"求同存异"的演讲，完全改变了各国对中国的质疑，扭转了中国外交的被动局面。

由此可见，演讲家的真正使命和意义不是你站在舞台上多么耀眼，而是你的演讲和分享有没有真正给听众以启发、以觉醒，让听众认知到自己的价值和内心的力量，达到普度众生的目标。真正伟大的演讲家都是付出者的另一个镜像，尤其要付出你的智慧和精神能量。

演讲不仅是一种口技，更是一种传递精神的使命；演讲者不仅是自我成就者，更是普度众生的圣贤之士！演讲者必须具备先进的、科学的思想，识前人所未识，讲前人所未讲。

生活就像一面镜子，照着不同的人们，你对它笑，它便会对你微笑；你对它做出怒目的表情，它便同时怒目你。让自己时刻保持这些释放正能量的心态，多进行爱的传递，演讲才能成功。那么，作为一名演讲者，如何才能使得自己的演讲充满和传递正能量呢？

信念坚定

泰戈尔说："信念是鸟，它在黎明仍然黑暗之际，感觉到了光明。"坚定的理想信念是演讲者的强大精神支柱。演讲者是用特殊材料做成的，这种特殊材料就是一种乐观向上的精神状态，只有把个人的前途命运同听众紧密联系在一起，切实加强世界观、人生观和价值观的改造，砥砺情操，保持思想上的纯洁性，才能感染和激发听众。

著名思想家拉尔夫·沃尔多·爱默生说："一心向着自己的目标前进的人，整个世界都会给他让路。"成功的演讲者应把事业当作一种追求，把发展当作神圣使命，不断提升自己的思想境界，始终保持积极向上、与时俱进的精神状态。

 ## 相信自己

演讲者的自信和坚持很容易传递给听众，当对方看到你的韧劲和活力的时候，不知不觉就会获得这种坚持不懈百折不挠的力量，进而信心百倍，坚持地去做某件事。因此，要想说服听众，演讲者就要相信自己。

 ## 释放鼓励

演讲的过程难保一帆风顺，或多或少都会有疑惑，会有失败，会遇到伤心难过，这个时候要给自己鼓励，同时给他人鼓励。无论喜忧，无论何种滋味，都是经历，都是收获，释放鼓励，让你和周围的人因为鼓励而充满勇气。

第二章 事预则立，出色的演讲来自充分的准备

一、确定合适的主题

主题是演讲的灵魂，决定着演讲思想的强弱，制约着材料的取舍和组织，影响着论证方式和主题调度，是演讲内容的具体化、明朗化。没有明确的主题，演讲就成了没有灵魂的木偶雕像，即使演讲者在台上讲得天花乱坠，也会让听众不知所云，不解其意。

由此可见，在进行演讲的时候，演讲者要做的第一件事情，就是选择合适的主题。那么，如何能做到这一点呢？具体来说，在确定演讲主题的时候，要注意以下几点：

 体现历史潮流

演讲的目的在于宣传、教育、组织和激励听众，因此主题一定要有时代意义，必须紧紧抓住人们普遍关心的问题，抓住社会现实中急需解决的问题。比如，社会风气和道德修养问题，反映科学文化发展动态、推动科学文化事业发展的问题等。要想讲出时代感，讲出新意，就要考虑演讲的场合、环境、现实状况，并给出科学的分析和解释，符合历史发展的规律。

>>> 满足听众要求 <<<

选题要有针对性，要能深刻影响听众，极大地感染听众。民族不同，性格不同，职业不同，年龄不同，生活环境和文化修养不同，听众存在着很大的心理差异、风格差异、感情差异等。确定演讲主题时，要考虑不同类型听众的需要，要根据不同民族、不同职业、不同层次的听众的知识水准、兴趣爱好、风俗习惯等来确定。

只有选题适合听众的心理、愿望，才能吸引听众的注意力，唤起听众听讲的热情和兴趣。例如，如果听众青年人居多，就要多谈男女恋情、流行歌曲等问题；如果听众多是中老年人，就要多谈节约、保健等。

为了适应不同类型听众的需要，选题要考虑适应度。选题的适应度较大，适应的听众面就较宽；反之，适应度较小，适应的听众面就较窄。一般来说，主题的专业化程度越高，适应度就越小。

>>> 从个人出发挑选主题 <<<

通常，我们都是在既有知识储备的基础上进行演讲的，个人背景就是演讲主题很好的灵感源泉，完全可能发展成一篇引人注目、内容翔实的演讲。个人的经历可以从以下几个方面来考虑：

1. 不一般的经历

想一下曾经旅行过的地方、从事过的工作、令你陷入困境的事情。

如果真实可靠，这些都值得一说。不过，不要忽视平淡无奇的经历，它们在别人的眼中，或许会生动有趣。

2. 专业知识或专长

人们都希望了解事情是如何运转的，因此完全可以围绕生活中遇到的人来构建一篇演讲。此外，还有诸如此类的话题，可以对人类的天性或者文化中的某些方面提出独特见解。

3. 看法和信念

想一想，还有哪些话题能够让你热情高涨？这些话题或许触动了你的核心价值，通常都能成为很好的演讲主题。基于内心确信不疑的信念发表演讲，会更加放松自如，听众也会更加善解人意；即使他们持相反的看法，看到你的演讲发自肺腑时，也不会心生抵触。同时，在演讲中立场不客观或失去理智，或进行不适当的自我披露，都会让听众尴尬不安，都会影响演讲效果。

4. 跟听众和场合相适宜

为了选定一个演讲主题，需要考虑听众和演讲的场合。在这方面，可以问自己这样两个问题：

听众的期望是什么？

听众现在的期望是什么？

知道听众的构成及他们为什么聚到一起，可以帮你排除掉许多主题。

演讲内容要与演讲场合气氛相协调，也就是说，要考虑演讲的时间和空间环境。这里的时空环境，不仅指演讲现场的布置，也包括时间、背景、组织和听众等因素。显然，在喜庆的场合大谈悲凉、在悲哀的氛围中大讲欢愉都是异常荒唐的。

此外，主题的确定还应考虑演讲时间。心理学研究发现，普通人的大脑在1小时内只能解说或接收一两个重要问题。因此，选择的演讲主题必须集中凝练、富有特色，时间必须掌握得恰如其分。如果参加演讲比赛，更有必要了解限定的时间；否则临场时，就会手忙脚乱，甚至无所适从。此外，参加多人演讲的会议，还要考虑自己的演讲处于会议开头、中间还是结尾，甚至还要了解其他演讲者的情况。

5. 适时又永恒的主题

在其他条件同等的情况下，最佳的主题是既适时又永恒的主题。把一个发生在当代的事件和某个人类经久不衰的话题联系到一起时，也就联结了适时和永恒两个要素。但并不是说只要具备了这些要素，主题就一定是好的。如果某一事件一连两周都占据了报纸的头版专栏，以该事件为主题的演讲或许可以称为适时的。但是，除非在更为广阔的意义上向听众阐发你的见解，否则只能向他们提供有限的有用信息，浪费掉大量的宝贵时间。反之，不把主题和某个当前的现实问题联系起来，听众极有可能对晦涩艰深的阐述毫无兴趣或不胜其烦。

二、演讲材料的选择、收集和整理

收集材料是演讲非常重要的一个步骤，是充实演讲主题、充分证明论点的有力条件。因此，对于演讲者来说，一定要占有丰富的材料，这是演讲成功的一个重要因素。

 演讲材料收集的范围

演讲材料的收集整理范围主要包括直接材料、间接材料和自己创建的材料。

1. 直接材料

所谓直接材料，就是从现实生活中得到直接材料。这是演讲者在生活、工作、劳动、学习及其他社会活动中所见所闻、所思所感的材料，也就是演讲者自身通过对社会生活的观察、体验、感受和调查研究得到的第一手材料，是最重要的材料来源。社会实践是获取直接材料的源泉。

2. 间接材料

间接材料指的是，从书本或媒体中获得材料，一般都来自于报刊、书籍、文献、广播电视上等，可称为第二手材料。间接材料的收集是占有材料的重要手段之一。由于时间和空间的限制，演讲者不可能事事处处都亲自观察体验，不可能每种知识都从亲身体验中得来，所以必须拓宽材料来源，获取大量的间接材料。

3. 创建材料

分析研究获取创建材料，是演讲者在获得大量直接材料和间接材料的基础上，经过归纳、分析、研究所得出的新材料，是演讲者智慧的结晶。它经常跟直接材料、间接材料一起综合运用于演讲中。

≫≫≫ 收集演讲材料的原则 ≪≪≪

美国著名的废奴主义者，奴隶出身的弗·道格拉斯 1846 年 5 月在伦敦发表了一次演讲，下面是部分内容：

……

这就是美国的奴隶制，没有结婚的权利，没有受教育的权利——福音的光辉透不进奴隶幽暗的心灵，法律禁止他读书识字。如果一个母亲教孩子认字，路易斯安那的法律就宣布她将受到绞刑；倘若一个父亲想让儿子识几个字母，他立即会受到鞭笞，而在另一种场合下，法庭可以随时把他处死。奴隶主的残忍罄竹难书……饥饿、血腥的皮鞭、锁链、口衔、拇指夹、猫抓背、九尾鞭、地牢、警犬，都被用来迫使奴隶安于他在美国为奴的处境。

……

（在美国）报上时常刊登如下广告，有的逃奴颈上戴着铁圈，脚上拴着铁链；有的浑身鞭痕；有的带着火红烙铁烧成的烫伤——他们的主人把自己的名字的开头字母烫进他们的皮肉里……不久前还发生过这样一桩事：

一个女奴和一个男奴在缺乏任何法律保护作为夫妻的条件下结合。他们同居了，得到了主人的同意，而不是自己有权利这样做。主人后来发现，为了自己利益，最好把他们卖掉，但他根本不会询问他们对这件事的愿望。一男一女被带到拍卖台旁，喊声响起："瞧啊，谁出价？"女的被领上拍卖台，四肢被野蛮地展现在买主面前，他们可以像相马一样任意察看。丈夫无能为力地站在那里，他对自己的妻子毫无权利，处置权属于主人。她被卖掉了。之后，丈夫被带到拍卖台上。他紧盯着走远的妻子，以恳切的目光望着购买他妻子的那个人，乞求把他一起买去，但是他最终还是被别人买走了。

看到自己要跟相亲相爱的女人永别，他恳求新主人允许他跟他妻子告别，但没有获准。在极度痛楚下，他挣扎着从新主人那里冲向前去，打算同妻子话别，但是他被挡住了，还挨了狠狠的一鞭，立刻被抓了起来。他太伤心了，当主人命令他出发时，他像死人一般倒在了主人的脚边……

这篇演讲，淋漓尽致地揭露了美国奴隶制度的罪恶，真是催人泪下！不可否认，这与演讲者精当选材有密切的关系。

收集材料是演讲非常重要的一个步骤，是充实命题演讲主题，充分证明论点的有力条件。收集材料不能盲目进行，要遵循一定的原则。

1. 材料要真实

所谓真实，就是指所选材料是客观世界确实存在的、符合历史实际的。只有真实的材料才最有说服力，才最有利于人们形成坚定的信念。任意臆造和虚构材料，势必与事实发生冲突，势必被揭穿。

2. 材料要典型

选取的材料，既要求真实、新鲜，还要求典型。真实具有可信度，新鲜具有吸引力，而典型则具有代表性，有较强的说服力。演讲的目的在于说服人、鼓动人，因此要认真审慎地收集最能说明主旨、最具代表性的事实材料和事理材料，防止和避免材料的平淡化。

3. 材料要充足

要想演讲成功，就要大量地详尽地收集和占有材料，既要纵向了解事物发生、发展的经过，又要横向了解事物各方面的联系；不仅要了解事物的正面材料，还要了解事物的反面材料，进行多方位、多角度的分析和比较，避免认识上的主观性和片面性。材料越充分，思路就越开阔，论据就越充分，就越能正确有力地阐明观点，产生令人信服的雄辩力量。尤其是学术演讲和法庭演讲，更要论据充足、旁征博引。材料不足，难以言之成理，是很难实现演讲目标的。

4. 材料要定向收集

收集材料要把准方向，减少盲目性和随意性。生活千头万绪，书报浩如烟海，时间和精力不容我们有见必记、有闻必录，必须把准方向，有计划、有针对性地收集材料。所谓把准方向就是围绕论题进行，根据论题划定的区域范围，有重点地查找资料。

5. 材料要新鲜

新颖别致，是针对听众的感觉而言的。新奇感是吸引人们注意的心理因素，演讲者立论高妙，材料新鲜，就能较好地激起听众的新奇感，这对深化主旨、充实内容都有着十分重要的意义。演讲者人云亦云，重复使用别人用滥了的材料，会令人感到乏味甚至反感。因此，要尽量防止和避免材料的雷同。

6. 材料要感人

在演讲活动中，要选取能提高听众兴趣和打动听众感情的材料。

在现实生活中，许多感人的事情都是看似违背常理、出人意料、不可思议，但又是在情理之中。因此，要想吸引听众的注意力，就要选择一些感人的材料。

三、在演讲稿中增强现场感

演讲稿的思维方式非常独特，在构思和下笔时就提前进入了"现场"，因此在内容选择、语言选用和谋篇布局上都要有临场感，要对未来的现场气氛和效果有所把握。

要想好演讲稿，就要突破一般文章写作的思维定势，从寻找现场感觉入手，作为运思行文的分寸。如何做到这一点呢？如何在演讲稿中增强现场感呢？

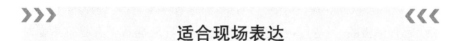

适合现场表达

演讲语言是经过精心锤炼和构筑的口语，是生活化的语言，语汇、句式和语气都有着浓厚的口语色彩，自然流动，不经雕凿，没有程式化，没有跳跃和剪辑。因此，很适合自如的口头表达。演讲语言既要能"讲"又要能"演"，便于现场表达。在起草演讲稿时，要摆脱其他文体的负面影响，在语言体裁的抒情上适合现场表达为尺度。

下面是秋瑾的著名演讲《敬告二万万女同胞》的节选：

陈后主树立了缠足的例子，要是有羞耻心，我们就应当兴师问罪！否则，难道他捆着我的腿，我就不能不缠么？男子怕我们有知识、有学问，担心我们爬上他们的头，不准我们求学，难道不和他分辩，就应了么？这是我们女子自己放弃的责任，很多事都让男子做了，自己就乐得偷懒，图安乐。男子说我没用，我就没用；说我不行，我就不行，只要眼前舒服，做奴隶也行。想到无功不受禄，担心不长久，听见男子喜欢脚小，就急忙把它缠了，使男人看见喜欢，就可以藉此吃白饭。

适合现场调控

演讲稿的运思阶段，要针对听众的现场调控，适当地预设或埋伏一连串能够触发听众的想象、情感、意志、经验等的兴奋点，张弛有度、擒纵自如地驾驭现场，调控听众，促使听众参与，更好地进行现场交流。

在成文过程中，要围绕演讲目的和内容，在开头、过渡、展开、收束等各环节有意识地运用调控技巧。比如，行文中设置悬念，引人入胜，运用蓄势的手法导向情绪的爆发点，形成激荡人心的涡旋；点缀"闲话"，调节心理、活跃气氛，化隔膜为亲密，化挑剔为欣赏。此外，写作演讲稿时，对多变幻的"现场"要有所准备，必要时还要对可能出现的情况有所设想。

在鲁迅的演讲《文学与政治的歧途》中有这么一段：

北京有一派人骂新文学家，说："你们不应该拿社会上的穷人和人力车夫做材料，做诗做小说应该用才子佳人做材料，才算是美，才算是雅，为什么不躲进象牙之塔？"但他们现在也都跑到南方来了，因为北京的象牙之塔已经倒塌，没有人送饭给他们吃，不能不跑……为人生的文学家，平时很危险，革命的时候，死的死，流落的流落，因为他们的感觉比普通人更敏捷，他们看到的想到的，平常的人都不知道，他们的境遇往往是困苦的，所以能够看见别的困苦。

适合听众吸收

听众的性别、年龄、种族等，情感、意志、趣味等，以及文化、教养、境遇等社会特点，都要纳入演讲稿的构思，千万不能目中无人。撰搞时的感觉，应该面对听众，说出他们愿意听的话。即使是一个说法、一个称呼语，也值得再三斟酌。

1972年尼克松总统访华时在答谢宴会上的祝词中说：

> 昨天，我们同几亿电视观众一起，看到了名副其实的世界奇迹之———中国的长城。在城墙上漫步时，我想到了为了建筑这座城墙而付出的牺牲；我想到它所显示的始终保持独立的中国人民的决心；我想到这样一个事实，就是，长城告诉我们，中国有伟大的历史，建造这个世界奇迹的人民也有伟大的未来。

适合演讲环境

演讲是发生在某个特定时空的行为，将要在哪里演讲，以及"此时此地"的情景，也是准备演讲稿时应当考虑的。是城市的广场还是乡村的田头，场合是轻松的还是庄重的，是相聚于一室还是于行旅之中……这些环境因素都可以作为演讲的构成要素，有时甚至可以作为构思的重要基础，形成独特的情绪基调和语言特色。事实证明，自然而巧妙地引入环境因素，更能切合演讲的场合，形成心心相通的同感和相互感染的情绪氛围。

四、建立自信，消除紧张

丘吉尔总结了人生三件最难事：

第一，爬上一堵向你倾倒的墙。

第二，亲吻一个决心离开你的姑娘。

第三，演讲。

在现实中，有很多人都存在演讲恐惧的现象。"我们为什么不敢上台演讲？"看到这个问题，很多人都会感到茫然。"不敢就是不敢，难道还有原因？""我也不知道为什么不敢，就是没有勇气。"可是，这些回答都没有直击问题的本质。深究原因，答案可能有很多种：

"看到人多，会觉得恐怖。"

"上台就会忘词，结结巴巴，好尴尬。"

"天生害羞，不敢上台。"

"记忆力不好，记不住演讲词。"

"担心表现不好，遭人嘲笑。"

......

其实，这就是演讲恐惧症。

劳伦斯·奥利弗是一名男演员，不论舞台还是银幕作品都受到广泛肯定，可是他的整个演艺生涯都在跟严重的舞台恐惧症作斗争。他在一篇回忆录中写出了自己恐惧的具体症状，表达了对舞台的恐惧。可是，不论他在登台前有多么紧张，一旦站在台上开始表演，就能无视这些紧张信号了。更不可思议的是，当他表演结束走下舞台时，那种恐慌感又会再次袭来。

有些人演讲也是这样的：登台前直冒冷汗，脑子一片空白，一旦开口就能进入状态。但多数人都是会在演讲前和演讲中感受到强烈的紧张感，只有演讲结束，才能如释重负，放松下来。为了缓解这一现象，最有效的措施就是充分建立自信，因为只有具备了一定程度的自信，才能逐步消除演讲中的紧张感和恐惧感。

自信可以发挥意志的调节作用，坚定意志，可以促使智力呈现开放状态，更有效地发挥演讲者的创造性。演讲者坚信演讲能获得成功，在良好的心理定式作用下，就能以满腔热情对付演讲现场可能出现的各种复杂情况，并且始终保持清醒的头脑，砥砺意志，克服障碍。

自信心强的演讲者，很少有心理负担，他们精力充沛、思维活跃、易于触发创造性思维，能随机应变和临场发挥；他们对自己的力量、气质、风度和技能都能恰当地控制。相反，缺乏自信心的人，一般都意志薄弱，总会产生消极的自我暗示。越怕失败，越怕人取笑，就越加分心，越加忧心忡忡，一旦这种情绪束缚了实际能力的发挥，演讲也会失去光彩。

演讲者的自信心建立在对自我素质和能力的正确认识上，建立在对演讲基本规律的娴熟掌握上，建立在对演讲内容的深刻理解上。只有对主观条件和客观情况进行辩证分析，知己知彼，才是真正的自信。否则，就是不切实际的盲目自信。

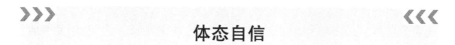

体态自信

形体的自信是一种整体性效应，除了行为举止，还包括面部神情、站立的姿势、目光的运用等。神情专注、面带微笑会让人觉得你是一个值得信赖的人；而神情茫然、愁眉苦脸，只会让人退避三舍。演讲中挺胸直立，会显示出人格的尊严，同样也是尊重对方的表示；颓然地面对别人，不光自己无精打采，听众也会觉得索然无味。

>>>> 声音自信 <<<<

演讲的话要有力度，用不自信的话去表达自己的意思，不是谦虚，只会让你的演讲变得软弱无力，要直接把自己的观点和主张打进听众的心里。某学校开演讲竞赛会，有个学生演讲得很好，但在结尾的时候又补充了一点："诸位来宾，诸位老师，诸位同学，鄙人学识浅薄，所说毫无研究，自知错误的地方很多，还请大家原谅，并恳请为我指导!"结果，第一名不是他。评判员说出了其中的缘由：这位同学说得很好，按理来说应该获得第一名，但他后面补充的那些话，让整篇演讲的力量完全丧失掉了。

>>>> 表情自信 <<<<

演讲者要通过自己的面部表情，把内心情感最灵敏、最鲜明、最恰当地显示出来；应通过自己的面部表情，对听众施加心理影响，构筑起与听众交流思想感情的桥梁。

面部表情贵在自然，自然才显得动人真挚，做作的表情显得虚假。同时，还应该丰富、生动、随着演讲内容和演讲者的情绪发展而变化，既顺乎自然，又能够和演讲内容合拍。同时应注意，表情拘谨木讷，会影响演讲的感染力和鼓动力，而神情慌张又无法传达出演讲内容和演讲者的情感，会影响听众的情绪，而故作姿态的感情表露会使听众感到虚假或滑稽，降低对演讲者的信任感，影响演讲效果。

听众最先看到的是演讲者的脸，继而通过演讲者的表情来确认演讲内容是否真实。故作镇静，毫无表情是不行的。因此，整个演讲过程中应面带轻松、自然、柔和的微笑。

目光自信

眼睛是心灵的窗户，眼睛的神色变化，倾诉着一个人的微妙心曲，能够帮助人们传达具体、复杂甚至难以言传的思想感情，在演讲中具有表情、表意和控场作用。在与听众的交流中，经验丰富的演讲者，总能恰如其分地、巧妙地运用自己的眼神，去表达千变万化的思想感情，去调整演讲和现场气氛，去影响听众，收到最佳的效果。

演讲中，适当地注视听众，间或转移一下视线，才能使演讲正常而有效地进行下去。直愣愣地盯着听众，是无理的行为；一眼都不看听众，则表示你一点自信都没有。

五、了解和分析听众

美国著名黑人律师约翰·罗克勤口才出众，幽默感很强。1862 年，在一次听众都是白人的演讲会上，他发起了一场"要求解放黑人奴隶"的演讲。开场白简洁而幽默，却意味深长，让人在忍俊不禁的同时发人深省。

面对全场的白人听众，约翰·罗克勤一上台，就对自己的肤色做了一番自嘲解说。

女士们，先生们：

我来到这里，与其说是发表演讲，还不如说是给这一场合增添了一点点"颜色"……

此言一出，台下的白人听众爆发出了一阵笑声，紧张的气氛立刻缓和下来。

听众都是白人，黑人演讲家却要做一场解放黑奴的演讲，出言稍有不慎，就会引起双方的矛盾冲突，甚至引发不可收拾的严重后果。巧妙化解白人听众的戒备、抵触情绪，显得至关重要。约翰·罗克勤并没有战战兢兢，而是轻松诙谐，第一句话就拿自身的肤色大开玩笑："我来到这里给这一场合增添了'颜色'"，自嘲式的幽默开场白，风趣而颇具深意，自然会引起白人听众的哄堂大笑。

演讲，面对的是听众，要想做成功的演讲，之前都要对听众进行充分的了解和分析。要想让听众积极配合演讲活动，就要明白听众的心理需求。因此，在演讲前充分了解听众，了解听众的心理需求，明确听众听讲的目的，找到听众听讲的动机，十分重要。那么，要了解听众应该从哪些方面出发呢？

听众的数量

了解听众，首先就要了解他们的人数，10 人，100 人，还是 1000 人？听众的多少决定了演讲的许多方面，例如，听众多，就不能使用某些类型的视觉教具，要使用麦克风；规模小的听众，通常是非正式的，用于大规模听众的方法就不适合使用了。

接着，要了解听众的综合特征，比如：听众之间是什么关系？他们来自同一个组织吗？他们有共同的兴趣吗？这种信息是构建演讲内容的基础。

然后，核实听众的人口数据，比如：他们的年龄范围？受过哪种教育？比方，假设你在一家服装公司工作，需要向未来投资者展示公司的概观。他们的年龄、性别和宗教信仰会对你的演讲产生影响，这时候就要考虑如何好好利用关于这些特征的知识。

>>> 听众的态度和信仰 <<<

很多演讲者都喜欢将重点放在听众的人口数据上，却忽略了听众的信仰、态度和价值观。原因很简单：很难拓展这种信息。我们能很容易地知道听众有多少人，是男性还是女性，但如果想知道他们在想什么就困难了。他们的信仰、态度和价值观会为理解你的演讲内容带来特殊的效果。

要回答这样一些问题：听众对你的演讲主题持什么态度？听众对你的演讲者身份持什么态度？听众对你有什么刻板印象？人们内心有隐藏的议程吗？听众认为重要的价值观是什么？听众拥有共同的价值体系吗？听众拥有的信仰和态度有多强烈？听众在什么公司和企业部门工作？听众里包括你在企业里的竞争者吗？听众里包括能嘉奖或惩罚你的人吗？……对于这些问题的回答，都有助于你确定演讲主题。

>>> 听众的期望 <<<

演讲者认为听众的期望是什么？有时，这让你感到很奇怪。可是，你不应该对听众的期望感到惊奇。因此，要搞清楚他们为什么会出席你的演讲：他们对你的演讲主题感兴趣吗？他们是奉命出席演讲吗？他们期望学到什么、看到什么或听到什么？他们期望你说什么或做什么？他们能接受新鲜事物吗？处理好与听众之间的关系，就能创造和谐的氛围。

>>> 听众的需要 <<<

把重点放在听众想知道的事情上是为了理解、表明或者实现你要展示的观念，而不仅仅是出于对主题的兴趣。要弄清楚你期望听众对信息持什么态度？很多演讲者都违反了这个基本原则。

研究发现，当人们的屁股坐了 10 个小时后，他们就不会在意你准备了 60 分钟的谈话。将它缩短到 20 分钟，人们会认为你是一个天才。出于对听众的考虑，多久缩减一次演讲内容？应该先考虑听众的需要，尊重他们的时间和兴趣。

六、做好演讲前的演练

乔布斯是一位娴熟的演讲大师，技艺精湛。演讲中，他的一举一动都和演示、图片和幻灯片等配合得天衣无缝，无懈可击。演讲台上的他愉快惬意、信心十足、轻松自然、毫不费力，在观众眼中，他的每一次演讲都是轻松自然的。其实，乔布斯的演讲离不开平时长达几个小时的训练。为了达到更加精准的效果，他甚至连续多日进行排练。由此可见，演讲者之所以能够成为一代演讲大师，一个重要因素就是他们不断地练习。

英国首相温斯顿·丘吉尔是大英帝国利益的坚决捍卫者，将自己的一生都奉献给了大英帝国。同时，他还是 20 世纪最出色的演讲大师之一。在第二次世界大战最黑暗的时期，在丘吉尔的领导下，英国人民奋起抗争，为争取世界反法西斯战争的胜利做出了不可磨灭的贡献。为了激发数百万英国人，说服、影响和鼓舞听众，他也曾刻意练习演讲所需技能。

由丘吉尔的孙女西莉亚·桑迪斯和乔纳森·利特曼合作编写的《永不言败——温斯顿·丘吉尔的领导智慧》一书中有言："他会在大型议会演讲开始前数日就着手准备，包括有预见地作推测性的准备，针对各种可能遇到的感叹和疑问准备好巧妙的回答。丘吉尔准备得彻底而充分，看上去似乎是即兴演讲……听众都会不由自主地被他所吸引，并深深地为之着迷……道理很简单，但需要事先进行大量艰苦的准备工作，尤其是如果你想在演讲时也表现得自然流畅，事先的反复练习就更必不可少了。"

世界上最伟大的演讲家都知道，"自然流畅"是反复练习的结果。演练是演讲必经的一个阶段，主要工作是背诵和处理演讲稿，但也不是仅将讲稿记牢背熟就可以了。演讲稿中记录的仅仅是酝酿构思，暗含了全部精心设计，如语调、节奏、停顿、身姿、手势、表情等，但文字稿中却无法体现，需要演讲者细心揣摩，精心处理。

所以，要想让自己的演讲获得成功，必须提前进行反复演练。关于这方面的内容，这里给出一些建议。

认真练习

演讲练习的时候，要先在脑海中构思演讲的提纲，反复阅读多次，把逻辑顺序熟记在心。

之后，坐在桌前，轻声地把提纲念出来；向自己解释提纲的内容——一边思考，一边说话。

接着，找一个安静的角落，把演讲内容根据实际情况组织起来。站起来，以正常的声音演讲一遍，加入所有要讲的内容。

澄清一个问题后，尽量把准备好的例子举出来。

要尽早发现难读的单词、短语或句子结构。

设想发表演讲的场合，设想自己处于这种场合。

不要觉得排练不重要，要做得像真的一样。

不要有意识地关注自己的手势和声音，以免分心。

推敲用词造句时，可以根据实际情况对原先的内容进行改动。

获取反馈信息

熟练掌握现有资料后，要花点时间就演讲情况征求反馈意见。为了实现这个目的，可以在其他人面前练习演讲。

构思自己想法时，可以征询他人的意见。不管是同事、家人，还是朋友，都可以成为你的听众，要认真听取他们的看法。如果可能，尽量超越与自己观点雷同的圈子去寻找批评者，这些批评者或许最贴近地代表了你可能面对的听众。

演讲时，要像面对真正的听众一样全心投入，不要因为紧张而手足无措，不要因为他们是朋友而使演讲随便松散；不要把该讲的内容省略掉，即使某个故事对方听过，也要将这个故事再讲一遍；不要闲聊，要发表演讲。

请他们对你的演讲提出实事求是的看法，但是不要把任何人的意见看做最后判决。当然，最好请一群人充当听众，如此就可以综合多方的意见。

完善演讲内容

做完了前面几步之后，你已经对发言内容成竹在胸，进入一种从容自如的状态。如果要使用道具，就要尽早准备，以便在最后排练时把它们包括进来。

在最后敲定演讲稿时，要检查自己是否遵守了当初的时间安排。

向众多听众发表演讲时，音量会比早期练习时高，如果你的演讲技巧不太成熟，会是件很吃力的事。要在最后排练时大胆地大声演讲，就像实际演讲时为了使大家听清楚必须提高嗓门一样。

最后，通读自己的笔记和提纲，完善内容。

第三章　匠心营造，良好的开头是成功的一半

一、好的开场白是精彩演讲的重要元素

演讲台上，一位演讲者一上台，就对听众说：

"你们知道我的第一份工作是什么吗？卖玩具。如今，跟青年学生交流的时候，有的人会对我说：在这个世界上有多少人能做自己真正喜欢的职业呢？有多少人会把自己喜欢的职业变成终生职业？你是幸运的！每到这时候，我就会反驳：如果高考的时候，选的专业不是自己喜欢的，而是父母喜欢的；选修课不是你喜欢的，而是拿证多、学分好得的；求职不是你喜欢的，而是待遇最好的。请问：你选择时从未拿喜欢当事，你会从事喜欢的职业，并且成为终身的职业吗？"

这段开场白向听众提出了一个问题，还给出了惊人答案——自己是卖玩具的。这种看似给自己设置障碍的提问，却能立即引起听众的注意，促使他们很快把注意力集中起来，一边思考，一边倾听。由此可见，演讲开头，采用自设障碍、激起猜测的提问，可以大大增强演讲的吸引力和感染力，缩短演讲者与听众的心理距离，凝聚了对方的全部精神。

对于演讲者来说，开场白至关重要。在演讲时妙趣开场，语言幽默睿智，既可以营造出一种轻松的氛围，也可以奠定整场演讲的基调，更能调动起听众的情绪，把听众带进自己创设的演讲情境中，从而取得良好的演讲效果。

演讲时，好的开场白能够在第一时间抓住听众的心。例如，"台湾文坛第一狂人"李敖，不仅文笔不错，口才也非常了得。他思维敏捷，词锋犀利，却又不乏幽默诙谐之处。

2005年9月21日，李敖到北大演讲，整场演讲都幽默风趣，让人捧腹，给北大师生留下了深刻的印象。他的开场白是这样的：

> 你们终于看到我了！我今天不仅准备了一些"金刚怒目"的话，还准备了一些"菩萨低眉"的话，可是看到你们的热情，我会多说一些菩萨话。演讲的时候，最害怕四种人：一种是根本不是来听演讲的；一种是听了一半去厕所的；一种是去厕所不回来的；一种是听演讲不鼓掌的。

李敖的话音未落，场内已经爆发出了一片掌声。李敖没有停下来，接着说：

> 当年克林顿、连战等来北大演讲的时候，走着红地毯上台。我在进门前问校方："我是否有红地毯？"校方回答说："没有！因为北大把你的演讲当作学术演讲，就不铺红地毯了。"如果我讲得好，就是学术演讲；若讲得不好，讲一半再铺红地毯也来得及……

顿时，听众席便爆发出了雷鸣般的掌声。

为了赚得人气，很多演讲者都喜欢在开场时先恭维一下听众，李敖却来了个"反弹琵琶"，第一句话便以"你们终于看到我了"来打趣听众，这就告诉人们："你们有机会见到我李敖应该很高兴。"接着，他用"金刚怒目"与"菩萨低眉"两个成语来形容自己的话语，诙谐幽默。然后，他趣谈了演讲最害怕的四种人，其实是在变相向听众"讨要"掌声，可谓独具匠心。

接下来，李敖拿"红地毯"说事："如果我讲得好，就是学术演讲；若讲得不好，讲一半再铺红地毯也来得及。"这句幽默话一语双关，既夸赞了自己的高超演讲水平，又戏谑了克林顿、连战的演讲水平不如自己。

这样妙趣横生的开场白，自然能激起听众的满堂彩。

的确，对于演讲来说，好的开场白非常重要，但是开场白又是最不容易把握的，想要用最少的语言抓住听众的心，并不是一件容易的事情。只有匠心独运的开场白，以其新颖、奇趣、敏慧之美，才能给听众留下深刻印象，才能控制场上气氛。

多年前，复旦大学曾举办过《青年与祖国》的演讲比赛，当时由于种种原因，会场嘈杂难静。有位同学上台，刚讲个开头，就立即扭转了混乱局面，紧紧抓住了听众的心。他说："我想提个问题。"听众立即被他这种新奇的开头形式所吸引。他停顿了一下，继续说："谁能用一个字来概括青年和祖国的关系？"这时，听众议论纷纷，情绪活跃。他立即引导说："可以用'根'字来概括这种关系。"接着，他讲述上海男人名字喜欢用"根"字的原因，并归纳说："我们青年有一个共同的姓，就是'中华'；有一个共同的名，就是'根'。'中华根'应该是中国青年最自豪、最光荣的名字！"话音刚落，全场顿时掌声雷动。

出口不凡的开头，能唤起听众的兴趣和求知欲，产生巨大的吸引力，紧紧抓住听众的兴头，使听众非听下去不可。开头精巧，画龙点睛，勾勒提要，自然能顺畅地引领下文，把听众带进声情并茂的演讲情景中去。

二、良好开场白的原则

俞敏洪经常在各地高校中举行演讲，深受学子们欢迎，这和他降低姿态、善于拿自己开涮是分不开的。

一次，俞敏洪应邀到一所大学演讲，一开篇他就讲道：

> 我知道今天是星期天，同学们应该到外面去轻松愉快，却留在这里听我的讲座，有点儿不好意思。我也知道很多同学目的不纯，不是来听我讲座的，是来看我的长相的，我就站在这儿，你可以随便看。刚才我进来的时候，有同学跟我说："这是活的俞敏洪。"我说："我从来没有死过啊。我一直都活着，而且活得很好，虽然活得很艰苦，但也活得很幸福。"

这段简短的开场白，不仅赢得了同学们的阵阵笑声，还充分调动了同学们的情绪，收到了意想不到的效果。

演讲的开场白，在通篇演讲中处于领先的特殊位置，是在演讲者和听众之间沟通思想情感的桥梁。好的开场白，能为全篇演讲定下基调——是庄重严肃，还是喜庆欢快，抑或诙谐幽默。如何打造好的开场白呢？通常要遵守以下几个原则：

》》》 引发听众的信任 《《《

开场白是否成功，在很大程度上影响着演讲的成败，打造好的开场白，首先就要引发听众的信任。

有时候，听众可能会对演讲者的动机发出疑问，或与演讲者持相反的观点。遇到这种情况，想改变听众的观点或行为时，就要建立或提高听众对演讲者的信任感。具体方法如下：

1. 承认彼此间存在分歧，但是重点强调共同的观点和目标。

2. 对那些连演讲还没有听就对演讲者的名声和所作所为进行攻击的行为加以驳斥。

3. 否认演讲的动机是自私和个人的。

4. 唤起听众的公道意识，让他们仔细地去听。

 ## 激发听众的兴趣

在很多演讲中，之所以能够引发听众的兴趣，就是因为激发起了听众的关注，比如：唐纳德·罗杰斯的演讲就是如此。下面是他一次演讲中的片段：

> 今晚我演讲的题目是《信息的透露》。确定这个题目之前，我先查阅了本地的会计年鉴分册和全国会计协会的学术专刊，然后又询问了同事亚历克斯·莱文斯顿和戴夫·汉森："今晚的听众有哪些？他们希望我讲什么？"他们告诉我，在座的各位都是热心人，希望我的演讲有趣而富有启发性。因此，在这里我会告诉大家一些有用的知识，同时演讲也会简明扼要，并留给大家一定的提问时间。

从本质上说，听众是很自私的，他们只会认真倾听自己能够有所收益的演讲。因此，要想吸引听众的关注，在一开头就要说些他们感兴趣的内容。

 ## 说明演讲目的

多数情况下，演讲开头都会揭示出演讲目的。做不到这一点，听众要么会对演讲失去兴趣，要么会误解演讲的目的，或者会怀疑演讲者的动机。

美国快递公司主席詹姆斯·鲁滨逊三世仅用了短短的 15 秒钟时间就将演讲目的告诉了听众：

> 女士们，先生们，早上好。谢谢大家给予我这个露面机会。美国广告联盟是美国传播工业的一个重要组成部分。当前，美国传播工业还面临许多问题，而重担则落在大家的肩上。我今天演讲的目的便是就这些问题及它们呈现出的挑战谈谈我的看法……

阐述演讲结构

演讲时，要利用开头部分对演讲内容加以概述，让听众了解演讲的中心思想和结构。尤其是演讲主题很复杂，或专业性较强，或需要论证几个观点时，这样做更能使演讲显得清楚而易于理解。

在一次演讲的开头，一位演讲者就明确地陈述了演讲的结构和范围：

> 女士们，先生们，晚上好。来参加这个权威的商业论坛，我感到很荣幸。
>
> 首先，我会对最近的国内经济形势加以展望。我认为它并没有人们想象中的那样严峻。
>
> 其次，我会谈谈近期国家经济增长对企业发展的影响。
>
> 再次，我会为各位管理者提供一些建议。

提供丰富的背景知识

演讲时，演讲者通常都会被认为是专家或权威。因此，如果听众对演讲的主题不熟悉或知之甚少，就有必要在开头部分对他们讲述与主题有关的背景知识。这样做，不仅是听众理解演讲所必需的，还可以体现出主题的重要性。

美国空军少将鲁费斯·比拉普斯在一次宴会上做演讲时，对"黑人遗产周"的背景及重要性做了介绍：

> 我很高兴来到这里，感谢应邀和在座各位讨论有关美国黑人问题。为了保持和增进民族间的理解，美国各大州又开始纪念"黑人遗产周"。我们民族的主旋律是："黑人历史，未来的火炬。"这个活动已成为美国人民生活一部分，是弗吉尼亚州纽坎顿市卡特·C·伍德森最先提出并计划的。1915 年伍德森成立了"美国黑人生活和历史协会"，1926 年发起了"黑人遗产周"纪念活动……

将听众注意力吸引过来

演讲开头成败的关键在于能否吸引并集中听众的注意力。为了吸引听众注意力，就要将事例、轶闻、经历、反诘、引言、幽默等手段充分利用起来。下面有个例子：

> 众所周知，演讲是件很难的事。但是请听我怎么说的："如果有人要拿走我所有的财富而只给我留一样，我会选择口才，因为有了它，用不了多长时间，我就能拥有其他一切财富。"为什么许多有才华的人偏偏害怕演讲呢？

三、开场白的十二大技巧

在演讲中，只有匠心独具的开场白，才能给听众留下深刻印象，才能控制场上气氛，才能在短时间里集中听众注意力，从而为接下来的演讲内容搭梯架桥。如何打造好的开场白呢？需要掌握下面几个技巧：

出人意料，给听众以惊讶

对平庸普通的论调，听众一般都不会在意，更会不屑一顾。用听众意想不到的见解引出话题，造成"此言一出，举座皆惊"的艺术效果，就能立刻震撼听众，使他们急不可耐地听下去，就能达到吸引听众的目的。需要注意的是，运用这种方式时应掌握分寸，否则会变为哗众取宠。应从听众心理、理解层次出发，不能为了追求怪异而大发谬论，更不能生硬牵扯，否则极易引起听众的反感和厌倦。须知，无论多么新鲜的见解都要建立在正确的主旨之上。

自我开炮，多方自嘲

在演讲开场白里，有些演讲者会用诙谐的语言巧妙地自我介绍，使听众倍感亲切，无形中也就缩短了与听众间的距离。1990年中央电视台邀请台湾影视艺术家凌峰参加春节联欢晚会。当时，许多观众对他还很陌生，可是一段妙不可言的开场白后，凌峰就得到了观众的认同和欢迎。他是这样开头的：

在下凌峰，我和文章不同，虽然我们都获得过"金钟奖"和最佳男歌星称号，但我以长得难看而出名……

以当时的情景为话题引入

一上台就开始正正经经地演讲，会给人生硬突兀的感觉，让听众难以接受。此时，完全可以以眼前人、事、景为话题，引申开去，把听众不知不觉地引入演讲中。比如：可以谈会场布置，谈当时天气，谈此时心情，谈某个与会者形象……

1863年，美国葛底斯堡国家烈士公墓竣工。落成典礼那天，国务卿埃弗雷特站在主席台上，看到人群、麦田、牧场、果园、丘陵和山峰历历在目，他心潮起伏，感慨万千，立即改变了原先想好的开头，从此情此景谈起：

> 站在明净的长天之下，从这片经过人们终年耕耘而今已安静憩息的辽阔田野放眼望去，那雄伟的阿勒格尼山隐隐约约地耸立在我们的前方，兄弟们的坟墓就在我们脚下，我真不敢用我这微不足道的声音打破上帝和大自然所安排的这意味无穷的平静。但是我必须完成你们交给我的任务，我祈求你们，祈求你们的宽容和同情……

用悬念调动听众的好奇心

人们都有好奇的天性，一旦有了疑虑，就要探明究竟。为了激起听众的兴趣，可以使用悬念手法。

有位教师举办讲座，这时会场秩序比较混乱，学生对讲座不感兴趣，老师转身在黑板上写了一首诗："月黑雁飞高，单于夜遁逃。欲将轻骑逐，大雪满弓刀。"

写完后他说："这是一首有名的唐诗，广为流传，又选进了中学课本。大家都说写得好，我却认为它有点儿问题。问题在哪里呢？等会儿我们再谈。今天，我要讲的题目是《读书与质疑》……"

全场鸦雀无声，学生的胃口被吊了起来。演讲即将结束，老师说："这首诗问题在哪里呢？不合常理。既是月黑之夜，怎么看得见雁飞？既是严寒季节，北方哪有大雁？……"

这样首尾呼应，能加深听众印象，强化演讲内容，令人回味无穷。

在开场白中制造悬念，很容易收到奇效。当然，制造悬念不是故弄玄虚，既不能频频使用，更不能悬而不解。在适当的时候应解开悬念，使听众的好奇心得到满足，而且也使前后内容互相照应，结构浑然一体。

用赞美引发听众自豪感

我们都知道，多数人都喜欢听好话，所以开始演讲的时候，对听众的积极参与、热情学习表示肯定和称赞，或对当地的自然风光、历史文化表示敬佩和惊叹，就容易引发听众的自豪感、满足听众的自尊心，从而获得听众的认可，并使自己接下来的演讲在愉快的气氛中进行。

2007 年比尔·盖茨在清华大学演讲中就是利用赞美开场的："获得清华大学这所世界一流大学的名誉博士学位，让我感到非常荣幸。清华是一所有着百年历史的名校，这里诞生了很多杰出的科学家、商业和政治领袖……"

用提问让听众将注意力集中起来

提问，是引起听众注意的首选方法。提问能促使他们很快便把思想集中起来，一边迅速思考，一边留神听。听众带着问题听讲，能大大增加对演讲内容认识的深度和广度。

1938 年，毛主席在延安抗日战争研究会发表了《论持久战》的演讲。演讲以"问题的提起"小标题开篇，采用设问的手法，接连提出七个问题："身受战争灾难、为着自己民族的生存而奋斗的每一个中国人，无日不在渴望战争的胜利。然而战争的过程究竟会要怎么样？能胜利还是不能胜利？能速胜还是不能速胜？很多人都说持久战，但是为什么是持久战？怎样进行持久战？很多人都说最后胜利，但是为什么会有最后胜利？怎样争取最后胜利？这些问题，不是每个人都解决了的，甚至是大多数人至今没有解决的。"

开门见山，有啥说啥

言简意赅，单刀直入，直截了当接触演讲的主题，比繁琐无味的开始更得听众者心。比如，1955 年，周恩来总理在万隆会议演讲就采用了直奔主题的方式：

中国代表团是来求团结而不是来吵架的。我们共产党人从不讳言我们相信共产主义和认为社会主义制度是好的。但是，在这个会议上用不着来宣传个人的思想意识和各国的政治制度，虽然这种不同在我们中间显然是存在的。中国代表团是来求同而不是来立异的。

引入名人名言来开场

演讲开场白也可以直接引用别人的话语，为展开自己的演讲主题作必要的铺垫和烘托。例如，演讲题为《让生命在追求中闪光》的开场白是：

美国黑人教育家本杰明·梅斯有句耐人寻味的名言："生活的悲剧，不在于没有达到目标，而在于没有想要达到的目标。"这话是极有道理的。

>>> ### 说些幽默之言 <<<

1862 年，美国著名黑人律师约翰·罗克勒在一次听众都是白人的演讲会上，作了一场主题为"解放黑人奴隶"的演讲。只见他上台之后，先是自我解嘲：

"女士们，先生们：我来到这里，与其说是演讲，倒不如说是给这一场合增添一点点'颜色'……"

结果话还没说完，台下听众早已笑翻一片。

幽默式开场白往往亦庄亦谐，妙趣横生，既语带双关，又不失犀利。演讲时用幽默法导入，不仅能够较好地表现演讲者的智慧和才华，还能使听众在轻松愉快的气氛中自觉不自觉地进入角色，接受演讲内容。

>>> ### 多加渲染，引起重视 <<<

将演讲内容适度夸张或从常人未想象过的角度予以渲染，也能引起听众的高度重视。

为了宣传无线电作用，美国一家广播公司的科普演讲中这样开头："各位可知道，一只苍蝇在纽约一个玻璃窗上行走的微细的声音，可以用无线电传播到非洲，还能使它扩大成像尼加拉大瀑布般惊人的声响。"

这则广播用普通人无法想象也不会付诸实践的角度宣传无线电的特殊效能，渲染味道浓郁，引起了人们的重视。

典型语录：

她还没有端酒怀，就醉了。

李医生给人看病，药方没开，病就好了三分。

他饿得都可以把一头大象给吃了。

他的脸皮真厚，连针也刺不进去。

四、开场白的注意事项

在一次演讲中，蔡康永想讲关于著名画家常玉的生平，本来打算先讲艰苦的求学经历，之后讲述最终取得的辉煌成就。可是，当他试着讲给朋友听时，朋友立刻就问："常玉是谁？"蔡康永这才意识到，常玉虽然在业内很有名，但普通人并不知道他。自己没听说过的人，听众多半都不会有兴趣听他的生平。

正式演讲时，蔡康永拿着一本常玉的传记说："我手上这本书，只比鼠标垫大一点，但这么小的面积，如果上面有常玉的油画，市场价格可以达到台币两百万到三百万。"听众的兴趣一下子被调动起来。之后，蔡康永才开始讲述常玉的生平，听众保持了很高的兴趣。

蔡康永聪明地在故事的开头设置了一个爆点，引起了听众的兴趣。

对于演讲者来说，开场白至关重要。演讲时妙趣开场，用于幽默睿智，既可以营造出一种轻松的氛围，也可以奠定整场演讲的基调，更能调动起听众的情绪，把听众带进自己创设的演讲情境中，从而取得良好的演讲效果。

俄国大文学家高尔基曾说："最难的是开场白，就是第一句话，如同在音乐上一样。"这段话包含两层意思：第一，演讲的第一句话至关重要，作用等同于音乐的"定调"；第二，第一句话不容易找到，是长期积累和苦心斟酌的结果。那么，要做好一个好的演讲开场白，要注意哪些事项呢？

明确目的

1. 引起听众兴趣

通常，只有当听众认为演讲有价值时，才会专心听。要想吸引听众注意力，演讲的开头就要回答"我为什么要听？"这个问题。如此，听众才会听下去。即使他们不会从头到尾都认真倾听，但至少会关注演讲的关键部分。

2. 拉近彼此距离

要用各种办法消除演讲者与听众之间的距离感，比如：寒暄、互动、笑话等，关键是要让听众觉得"你是和我们一起的，你不是一个人高高在上"。如此，他们才会愿意互动，愿意参与进来。距离越近，他们投入就会越大。

3. 建立互相信任

引起听众的兴趣，拉近了彼此的距离，但本质上都与演讲质量无关。听众虽然对你的话题有兴趣，也愿意参与互动，但是凭什么相信你、凭什么听你的演讲？这时，就要适时地给他们介绍一下你本人的成功经验，你的案例、你的资历、你的荣誉等。如果没有那么多耀眼的经历，社会经验也不多，就要重视积累，同时还要从自身挖掘。

揭示内容和主旨

开宗明义、开门见山，是演讲开场白方法之一，符合听众的普通心理要求。为了引起听众的关注，在《改造我们的学习》的演讲中，毛主席是这样说的："我主张将我们全党的学习方法和学习制度改造一下。"这个开场白，开宗明义，直接揭示了演讲的基本内容和主旨，下面就开始说明改造学习方法和学习制度的理由。

明晰演讲要点

明晰演讲要点，能够让听众一开始就从总体上把握演讲的纲目、梗概，眉目清楚，脉络分明，容易产生深刻经久的影响。演讲的内容要点，往往体现了演讲的基本结构。这种开头，一方面便于演讲者做好演讲布局，理顺头绪，条分缕析；还有利于听众把握演讲要点、轮廓和演讲者的思路，不至于如堕云里雾里。

五、避免错误的开场白

演讲者都希望在开场的时候就能牢牢地吸引听众的吸引力，跟听众建立起一种紧密、和谐的关系。其实，赢得观众的兴趣并产生倾听的愿望，非常简单，只要在开场白不犯错误即可。不会选择开场白，从一开始就已经输了。

下面，就来为大家介绍一下常用的错误开场白：

贬斥自己

一位经济学博士，曾针对"企业管理费用"做过一场专题报告，他是这样开头的：

> 亲爱的女士们，先生们！
>
> 由于特别的原因，我没做什么准备，而且本人的专业知识跟在座的诸位相比也是相形见绌，但我仍愿竭尽所能，就企业一般管理费用分析的方法为你做一俯瞰式的总结。本人冒昧，首先对总体框架条件进行简要说明，可能在座的朋友对此早已颇有研

究……

不可否认，这样的开场白无异于慢性自杀。好的开场白，可以让演讲者树立演讲的信心，赢得听众的好奇心，让听众积极参与进来。听众的积极参与，将会对演讲者怯场心态起到很好化解作用。但是自杀式开场白，即使演讲内容再好，也会令人听得乏味。

互动过多

互动式开场能够活跃现场气氛，拉近与听众之间的关系，演讲也会轻松自然。但是，如果在使用互动开场白的时候，没有准确把握互动的度，提问互动太多，结果只能适得其反。

主要原因就在于：

> 问题太难，听众陷入痛苦的思索当中；
>
> 问题太多，听众不厌其烦；
>
> 问题太浅，听众不感兴趣；
>
> 问题太生硬，听众觉得别扭；
>
> 问题与演讲主题无关，听众听得莫名其妙；
>
> 问题太强势，听众心理抵触。
>
> ……

由此可见，在使用提问互动的时候，问题不能过多，只要选择一个即可，目的是达到抛砖引玉的效果。同时，问题必须围绕演讲主题展开，千万别问一些让人脑洞大开的问题；另外，问题要有趣味感、发人深省，问得平平淡淡、不痛不痒，反而会弄巧成拙。

不合逻辑

好的开场白，能够取得理想的沟通效果；开场白不好，沟通效果就会非常糟糕。而要想取得良好的沟通效果，就必须摒弃"牛头不对马嘴"、不合逻辑的开场白。

现实中，不合逻辑的开场白很常见。这种开场白，听众不仅无法从演讲者口中听出其想要表达的内容和中心思想，更无法跟演讲者建立起良性的沟通互动，从而影响彼此间的正常交流。比如，某销售代表想将商品推销出去，如果事先没有想好演讲的内容，没有目的性地乱说，就无法取得理想的产品发布效果。如果这样说："借着本次产品发布会的机会，我想和各位朋友分享一下关于美食方面的问题。"相信，听众一定会感到莫名其妙，因为他们是来参加产品发布会的，对方却谈起了其他话题，他们自然会感到摸不着头脑了。

思维太跳跃

所谓思维太跳跃，就是指演讲时，一个问题还没有阐述完，就去阐述另外一个与前一个问题毫不相关的事。无法抓到演讲者所要表达的中心意思，会让听众感到无所适从。此外，演讲时思维跳跃性过大，还会让听众产生厌烦心理，从而选择终止倾听。

没完没了

演讲时，有些人的开场白没完没了，长篇大论，迟迟进不了主题，这样会让听众不胜其烦。

在一场服装洽谈会上，演讲者本应该将重点放在服装产品的推广和营销环节，可服装厂商却大谈特谈服装历史，而且没完没了。最终，参加洽谈会的客户感到疑惑，甚至不耐烦。因为他们关注的是服装的款式和价格，而不是服装的历史。服装厂商没完没了地讲解服装历史，不仅会让客户产生焦急心理，还会降低他们的购买欲望。

反复强调

一些人在开场白中反复强调某个主题或内容，虽然演讲者的本意是为了更好地说明主题内容及其重要性，希望得到听众的重视，但反复强调主题和内容，反而会让听众产生"鹊巢鸠占"的感觉。而如果演讲者没有将开场白和主要内容进行明确划分，还可能让听众失去兴致，甚至产生疑惑。切记：越反复强调主题和内容，越无法体现演讲者的自信。

过分谦虚

一些演讲者一上台就会这样说："我这次没有做好准备，如果讲得不好，请大家见谅。"话语中虽然透着谦虚，但听众反而会感到这些人不真诚。话音刚落，如果演讲者立刻拿出厚厚的讲话稿说："这次我主要为大家讲以下一些问题，其中包括 8 个大问题及 16 个小问题。"条理如此清晰，更会让听众怀疑演讲者话语的真实性。

第四章　精彩纷呈，演讲过程中的精妙艺术

一、演讲的展开和深入

现实中，有些演讲者站在演讲台上，会自然地进入演讲主题中，围绕明确的主题，口吐莲花、滔滔不绝。而多数演讲者站在演讲台上，却不知道如何进入演讲主题；甚至个别演讲者，还会与主题游离得越来越远。不仅浪费了演讲时间，还给听众带来了一定的烦躁情绪。那么，作为一个演讲者，应该如何巧妙进入到演讲主题，并迅速展开呢？

 学会借势

演讲中的借势，指的是在演讲过程中，借人、借物、借事、借景、借题发挥，引出话题。

1. 借人

就是从现场的人物出发捕捉话题。既可以从前面演讲者的话语中引申、发挥，讲出新意，给人启迪；也可以借助主持人、自己、听众等开篇。比如，在一次演讲中白岩松是这么说的：

> 作为一个两岁孩子的父亲，我知道，在孩子一岁半到两岁之间，母亲不陪伴在身边，对母亲来说是怎样的一种疼痛。我愿意把心中所有的掌声，都献给前面的选手。

2. 借物

就是抓住某物在特定场合、特定时间下的象征意义，借题发挥。比如，一位参赛者是这样引申的：

> 今天我有幸参加了"钻石表杯"演讲比赛，在这里我想说的一句话是：钻石代表坚韧，手表意味时间，时间显示效率。坚韧与效率的结合，是一个人的成功所在，更是一个人的希望所在。

3. 借事

就是以突发事件为由头，进行展开。

4. 借景

就是以会场的环境和周围某种氛围为点，引出演讲话题。比如：在北京大学演讲中，孟晚舟通过借景的方式进入到演讲主题：

> "今天，在未名湖畔的演讲，我有点小忐忑。如果谈钱，诗人可能会跳出来骂我，因为'未名湖是个海洋，诗人都藏在水底'，诗人都是淡泊名利的；如果不谈钱，你们又会问我，难道招聘只谈情怀，不谈钱？其实，生活是美好的，理想与现实同在。华为的英雄儿女，无论在撒哈拉沙漠，还是从南美南到北美北，都饱含着对胜利的渴望和执念，他们数十年如一日地持续奋斗，让华为成了 ICT 行业的领跑者，也为家人带来了优越的生活条件。今天晚上，让我们一起展望智能社会的美好，理想与现实必将更加丰满。"

5. 借题

就是借题发挥，引出演讲内容。比如：在武汉大学的一次演讲中，雷军通过借题发挥的方式，进入到演讲主题：

"为什么在这里谈梦想，因为回顾过去走过的路，在人生中，让我最难忘的就是武汉大学，武汉大学在我的人生历程中起着不可磨灭的作用。18 岁时我上大学一年级，一个非常偶然的机会，我在图书馆里看了一本书。这本书对我的人生起到了决定的作用，它就是《硅谷之火》。书中讲述了乔布斯等硅谷英雄创业的故事。看到这本书后，我的心中就燃起了熊熊火焰，激动得好几个晚上都没睡着觉。我心情很难平静，在体育场走了一遍又一遍，奠定了人生的梦想——日后一定要干些惊天动地的事情，一定要做个伟大的人。当然，建立梦想是容易的，我相信每位同学都有伟大的梦想，但是有梦想之后你是否去实践了？所以在大学一年级的时候我就告诉自己，光有梦想是不行的，要脚踏实地地真正做几件不一样的事情。"

 转变思维

演讲的深入，需要转变思维：

1. 逆向思维

就是从相反方向思考问题，一反传统看法，提出与之相对或相反的观点。这种思维鲜明地表现为对传统的批判精神，但观点必须持之有据，能够自圆其说。比如：一位演讲者在"保护地球环境"的演讲中是这么讲的：

"想要毒化地球确实不是一件容易的事，因为地球自己也在努力地除污去垢。考虑到这一点，我们就应该尽可能多地从以下物质中生产出一些废料来……"

2. 形象思维

就是将道理形象化。这里有个典型的例子：

> 你知道一个有经验的园艺家为什么要把一颗植物的芽枝都剪除？老实告诉你，为了让树木生长得快，果实结得更大。因为一棵芽枝可以分散吸收根部养料，使它的精力无法集中在树干和果实上。否则，他在收获上的损失，就会超越枝条的损失多少倍。有见识的花匠经常会将花蕾剪除，枝条上只留一个或两个，难道剪除的花蕾不会开出美丽的花朵吗？不！他们的目的就是想让养料都集中在一二个留下来的蓓蕾上，使将来开放的花格外美丽和娇艳。

3. 换轨思维

就是思维完全摆脱原有轨道，对思维路径做出更大的跳跃。比如：马云的演讲，就很好地说明了换轨思维："假如你毕业于名校，请用欣赏的眼光看别人；假如你毕业于普通学校，请用欣赏的眼光看自己。"2014 年 6 月，马云在清华大学演讲时说："清华是中国最了不起的一所大学之一，但在我心里中国最好的大学是杭州师范大学。"

4. 纵深思维

就是从普通人认为不值一谈的小事，或无须作进一步探讨的定论中，发现深层的被现象掩盖着的事物本质，也就是我们常说的透过现象看本质。比如："由考试作弊现象想到的""由母亲节想到的"等。

二、生动优美的演讲语言

演讲是一门语言艺术，要想说服人、感染人，语言发挥着极其重要的作用。爱默生说："语言是一种伟大的力量，它能说服人，吸引入并促使人们去行动。"语言和思想有着密切的关系，即使演讲的思想内容不错，还要借助精美的语言表达来实现内容和形式的完美统一。

在演讲中使用太多的优美词语，堆砌辞藻，咬文嚼字，趋于雕琢，是演讲所忌讳的。演讲的选词要做到以下几点。

>>> **通俗易懂** <<<

演讲是一种口语表达形式，一定是人们日常生活中普遍的、通俗而平易的语言。演讲语言不同于一般的书面文章，要使用口语化、个性化、规范化的语言。2017 年李嘉诚携李泽楷汕大演讲，现在节选如下：

> 我明年 90 岁啦，一生志在千里，也知似水流年；我年轻过，历困难试炼，我深刻知道成长之路是非常不容易的；在高增长机遇巨浪中，愚人见石，智者见泉。愚人希望有富爸爸，这心态已经输了。

> 因循的并发症是不思不想和无感无知，在人工智能时代中肯定过不了关；驾浪者的基本功，时时刻刻要灵敏、快知快明，要有独立思考悟力、能运用想象，把现实、数据、信息合组成新。

> 愚人只知道"为"（to do），智者有愿力，把"为"（to do）变"成为"（to be）。"愿力一族"是如何修炼？如何处世？如何存在？

> 愚人常常抱怨，变得墨守成规是被逼出来的，被制度营役、被繁文缛节捆绑、被不可承受的期望压至透不过气；他们渴望"赢在起跑线上"，希望有个富爸加上天赋的优越组合，认为"人能弘道"、改变尘世复杂和无可奈何的扭曲太负重，"道能弘人"肯定更舒服。

口语具有丰富多变的特点，不仅有声有意，还有语音的轻重、语调的高低、语气的变化、停顿的长短、速度的快慢等特点，将这些因素巧妙结合在一起，才能起到有效传递信息的作用；而且，口语讲起来上口，听起来入耳、易记。同时，个性化的语言是一个人思想、学识、阅历、才华、性格、气质和语言修养的表现。只有运用有个性的、有风格的语言，演讲才能精彩感人。因此，必须在语言上下工夫。

简洁准确

演讲是向大众传播自己观点、主张的一种语言形式，因此要使用准确、简洁的语言。

1. 准确。演讲语言要清晰、确切地表达出所要讲述的思想和事实，揭示出事物的本质和联系。因此，在写作演讲稿时要仔细地推敲，准确地使用概念，让表达更加准确。

2. 简洁。演讲要用最少的字句，准确、完整地表达出所要陈述的思想内容。恩格斯说："言简意赅的句子，一经了解就能记住，变成口语，这是冗长的论述绝对做不到的。"

1954年，周恩来总理参加日内瓦会议，准备在见面会上放映我国第一部彩色电影《梁山伯与祝英台》。作为时任新闻联络官的熊向晖接到指示后，心里暗暗打鼓：《梁山伯与祝英台》是中国的越剧，老外们怎么能看懂呢？熊向晖绞尽脑汁，连夜写了一份长达15页纸的影评，从背景、意义、演员阵容、对话台词等方面都用英文做了详细的说明，报给了周总理。

周总理看了一眼这厚厚的影评，皱了皱眉头说："向晖啊，我们这是给老外看，你这内容虽然很详细，但他们不懂我们的文化，不一定看得懂啊。"无计可施的熊向晖摇了摇头说："总理，那您说该怎么写这份影评呢？毕竟文化差异太大了。"

周总理凝神沉思了一会说："只要给这部电影取个恰如其分又特别有吸引力的名字就好了，你只需在请柬上写'请欣赏中国的罗密欧与朱丽叶——《梁山伯与祝英台》'就行了，其余不必做过多解释。"

>>> **形象生动** <<<

语言大师老舍先生曾经说过："我们最好的思想、最深厚的感情，只能被最美妙的语言表达出来。若是表达不出，谁能知道那思想与感情好成什么样呢？这是无可分离的、统一的东西。"这里所说的"最美妙的语言"，就是指形象生动的语言。

形象生动的语言可以把抽象的、深奥的理论具体化、浅显化，变得绘声绘色，使听众容易接受并得到启示；可以给听众留下深刻的印象，感染和打动听众；可以直接作用于听众的视觉、听觉，代替颜色、声音、形状和气味而作用于听众的第一信号系统。由此可见，只有使用形象生动的语言，才能使演讲产生强大的说服力，准确形象地阐述真理，栩栩如生地描述事物，继而激发起听众投身实践的热情。

下面有一段林肯在葛底斯堡国家烈士公墓落成典礼上的演讲：

> 双方念同一本《圣经》，向同一上帝祈祷，每一方都祈求上帝反对另一方，有人甚至还要求公正的上帝帮助他自己从别人脸上的汗水中榨取面包，这可能会使人觉得不可思议。……但是，如果上帝的旨意是要继续战争，直到奴隶们用二百五十年来无报酬的劳苦所积累起来的一切财富都化为灰烬，直到鞭子抽出来的每一滴血都要用刀砍出来的另一滴血来偿还，那么三千年前人们说过的一句话，我们必须重说一遍："上帝的裁判总是正确和正义的！"

这段演讲词形象、生动、感人。对于一些人来说，这是唤醒他们复仇的怒吼；而对于另一些人来说，它却是一种非常诚恳的祝福和祈祷。这就是语言形象生动的力量！

使用辞章

　　演讲的语言应尽可能做到准确、明晓、简洁、流畅；之后，在此基础上进一步努力做到严密、深刻、生动、形象。为了实现这些目的，就要适当采用比喻、排比、比拟、借代等修辞手法，还要灵活运用叙述和描写、概括和具体、曲折和率直、铺垫和纵横、抑和扬、虚和实、形象和理性等表现手段。当然，这些手段都应该服务于演讲目的和内容，还要注意对象、时间、场合等条件，务必用得适当和得体。

　　牛根生家的大门上，贴着这样一副楹联："传家有道惟存厚，处世无奇但率真。"横批：家系国运。牛根生喜欢引用一句源自《世说新语》上的名言："小胜凭智，大胜靠德。"他也常说："财聚人散，财散人聚。"他笃信此言，身体力行。他曾在一篇博客中写道，幼时，父母遭批斗，他在学校受牵连也时常遭人打骂，但把母亲给他的零花钱分给了小伙伴，时间一长，大家都听他的话，让大家干啥就干啥，不仅自己不再挨打，有时他还能指挥打别人。牛根生认为这是他奉行财散人聚的源头。

　　牛根生的妻子申淑香在接受《中国慈善家》采访时回忆，牛根生在伊利任职副总裁时，最多的一年年薪达到了75万元，不过最后拿回家的只有10万，其他大部分都分给了部下。"他这个人性格就这样，要不然他从伊利出来之后，那么多手下都跟着过来。"2002年，蒙牛创业方才3年，牛根生开始张罗着为员工盖房。如今这个拥有几十栋别墅和楼宇的小区绿树成荫，牛根生买下了一套别墅，十多年来一家人一直住在这里。"他的理念就是，我一个人好了，肯定不行，我得把我这个团队带好了，就是说一个人富不算富，大家富才算富。他一直就是这个心理，从伊利到蒙牛。我以前说过，你一个人吃好的喝好的，从骨子里就不得劲，必须分给大家。"

三、演讲中的气氛掌握

成功的演讲，通常都是轻松流畅的，能够与听众积极互动，能够增强听众与演讲者的相互信赖，能够完成思维和感情的传递。无法调动起现场氛围，即使内容再专业，也会出现"单向传输"的沉闷景象，甚至"台上激情四射，台下睡倒一片"。那为了提高演讲效果，如何营造好的氛围呢？

 ## 演讲者要饱含激情

生动感人的奇闻轶事，可以醒目提神，活跃气氛；悬念与提问，则能引起听众的积极思考和兴趣；而真挚热烈的激情迸发，亲切自然的动作，更扣人心弦，感人至深。冯仑曾饱含深情地做过这样一段演讲：

当时我和王石一起，从西安开车到新疆乌鲁木齐。去戈壁滩上，车突然坏了。手机在那个地方没有信号。戈壁滩的地面，全部是鹅卵石，温度高得几乎能把轮胎烤化。我们没有办法跟任何人联系，我们越来越恐惧，甚至开始焦躁。

这时候司机下了车，他不断地转，不断地在地下看。他在看什么？他在找车辙。司机终于发现了一条新车辙，我们齐力把车横在车辙上面。然后司机说："剩下的事情，只能等待，不要有任何奢望。"然后我们开始等待。一个小时后，有一辆特别大的货车在我们面前停下来。我们的司机写了一个电话号码，请货车司机出戈壁滩后打电话找人来救我们。

大货车开走后，我们在车上开始嘀咕："这事靠谱吗？人家会帮忙打这个电话吗?"我们的司机说了一句话:"在没有方向的地方,生命是唯一的选择的时候,信任是最可宝贵的。"结果我们又等了一个多小时,救我们的人果然来了。

这件事发生后,我一直在思考一个问题——到底什么时候最恐惧?不是没有钱的时候,不是没有水的时候,也不是没有车的时候。最恐惧的时候,实际上是没有方向的时候。有了方向,其实所有的困难都不是困难。我总琢磨,理想这件事情,就相当于在戈壁滩上突然找到了方向。

演讲者充满激情时,是现场气氛最活跃的时刻,也是演讲者与听众感情交流最融洽的时刻,更是演讲的高潮所在。只要演讲中能做到高潮迭起,也就控制了整个现场的气氛。那么,演讲者应该怎么组织高潮呢?情是人性的天然表现,演讲者要将情感充分利用起来。说白了,就是要以情激情,以心换心。具体而言,就是要适当地预设或埋伏一连串能够触发听众的想象、情感、意志、经验等的兴奋点,张弛有度地驾驭现场,调控听众,更好地进行现场交流。

娴熟地掌握演讲内容

好的演讲都内容丰富、生动、全面、准确,表达过程会波澜起伏、跌宕有致、抑扬顿挫,会不断调动现场气氛,在全场形成热烈的场面,使听众全神贯注、心驰神往。这种境界,显然不是照本宣科式的念演讲稿就能达到的。

照稿念,演讲者很容易顾此失彼。顾了讲稿,顾不了听众,更无法做到用丰富的表情和形象的动作与演讲内容协调配合。如此,听众就会降低对演讲者的信任,降低对演讲的注意力和重视度,继而造成冷场,甚至骚动、喝倒彩。因此,要想营造好的氛围,演讲者就要熟悉讲稿,在演讲中调动听众的情绪,组织几次演讲高潮,吸引住听众。

阿里巴巴马云曾做过这样一段演讲：

> 世界本来就是不公平的，怎么可能公平？你出生在农村，盖茨的孩子出生在盖茨家，你能比吗？但是有一点是公平的，比尔·盖茨一天 24 小时，你一天也是 24 小时。这 24 小时有 3 个 8 小时：8 小时你在路上走，你根本不知道自己干什么，这时候需要好的朋友；还有 8 小时你睡在床上不知道干什么，你需要有一个好的床，床上有一个好的人；还有一个 8 小时你知道自己干什么，那就是工作。没有人是完美的，社会也不可能完美，因为社会由所有不完美的人组成。你的职责是比别人多勤奋一点、多努力一点、多有一点理想。人的心态决定姿态，从而决定你的生活状态，心态好一切自然会好起来的。

多说听众感兴趣的内容

著名罗马诗人西拉斯说："我们对别人感到兴趣，是在别人对我们感兴趣的时候。"演讲时，要多说听众感兴趣的内容，不要自己在一边信口开河。如此，才能找到突破口，把你的演讲出售给听众，让他们乐于接受。从这个意义上来说，演讲时听众的兴趣点，就是演讲者的出发点。

作家老舍在一次演讲中这样说："听了同志们发言，得到很大好处，可惜前两次没来，损失不小……今天来的都是专家，我很怕说话，只好乱谈吧。"如此"抑己扬人"的开场白，如此谦逊坦诚的口吻，一下子就拉近了演讲者与听众之间的距离，消除了听众对名人可能产生的敬畏心理。如此平易近人，自然会获取听众的好感，现场气氛自然也就能更融洽了。

跟听众一起玩游戏

以共同游戏的方式和听众形成模仿式互动，既能激活听众的好奇心，又能巧妙地增强听众的参与意识。

有位演讲者一上台就问："朋友们一起来做个游戏好不好？"听众兴趣徒增。接着，他又指导听众操作："请将左右手腕到手掌边缘的横纹相叠对齐，然后左右手掌重合，再看右手比左手的中指是否要长一点点？"他指导听众操作，自己亲自示范，形成模仿式互动。结果，大家果然发现右手比左手中指长点，这更激发起听众的好奇心。

之后，演讲者又说："刚才这个游戏是一位所谓的大气功师的表演。他先装模作样地向听众发气，然后再指导听众做刚才的游戏，结果大家都发现自己右手指长了一点。气功师说是他发气的结果，大家深信不疑。我当时也被愚弄了——朋友们，我可没有愚弄大家的意思啊！"听众大笑之后，演讲者进入正题："我今天演讲的题目是《相信科学，不受愚弄》。"然后他才入题演讲。

这样的演讲，效果是不是不错？

对听众进行设问调研

为了营造好的演讲氛围，可以引入新话题，根据演讲主题的需要，设定一些有针对性的问题，比如："今天现场来了这么多人！好的，演讲开始前我想先了解一下，在座的有多少位是在校大学生、在职人士？请举起您的左手示意一下。"如果听众的经历对演讲内容的影响较大，可以这样问："现场的朋友们，咱们有多少位曾经有过演讲失败的经历？"调研的问题，最好在演讲准备中设定，要充分考虑到主题及听众构成情况，少问不合时宜的问题。

用暂停来制造悬念

这种方法可用在演讲的任何阶段，有个典型的事例：

> 一次普列汉诺夫在日内瓦做关于《无产阶级与农民》的演讲，会场很乱，演讲几乎无法继续下去。普列汉诺夫将自己的双手交叉在胸前，目光嘲笑地扫视着会场。看到台下逐渐平静了些，他大声说："如果我们也想用这种武器同你们斗争，我们来时就会——（他停顿了一下），带着冷若冰霜的美女。"此语一出，整个会场笑声一片，甚至连反对者也笑了起来。普列汉诺夫看到时机已到，话头一转，重新回到了演讲主题上。

四、唤起听众的情感共鸣

在电视剧《水浒传》中，宋江上梁山后做的第一件大事就是在聚义厅前竖起"替天行道"的杏黄大旗，当场发表了一番慷慨激昂的演讲：

> 我们这些人哪个生来就是强盗？无非是奸臣当道，残害忠良，我们才被逼上梁山，不得不反。我等都是有志之士，只是报国无门。又有哪个生来愿做草寇，脸上带着两行金印，一生被世人耻笑？我等兄弟在此共聚大义，并非只为打家劫舍、杀人放火、贪图一时快活。各路义士相聚这梁山，为的就是除暴安良、抚国安民、匡扶正义、替天行道！

话音方落，堂下各路英雄就群情激愤，振臂高呼"替天行道"，场面相当火爆。

一场演讲成功与否，在很大程度上取决于满足了多少听众的心理需求，紧扣听众心理的演讲，更容易激发共鸣、获得成功。

美国总统奥巴马是一位演讲高手，他的演讲总能激发听众共鸣，让听众被他的真挚情感所感染。

在9·11恐怖袭击十周年纪念仪式上，奥巴马发表了演讲，下面是片段：

> 十年前，美国经历了最黑暗的一个夜晚。雄伟的高楼坍塌，五角大楼升起滚滚黑烟，飞机残骸在宾夕法尼亚州燃烧。好友近邻们，兄弟姐妹们，父亲母亲们，孩子们，他们从我们身边被带走了，迅速和残酷地离开了我们，让我们悲痛万分……今天，我们应该铭记的是那些未曾改变的东西。9·11遗产不止于纪念碑，还有那些走向火海的消防员、报名参军的士兵、合力建造新楼的工人、临危不惧的公民以及实现了父母梦想的子女。我们要将坚守信仰、遭到沉重打击并变得更为坚强的故事流传给后人。
>
> 《圣经》告诉我们，哭泣可能会持续整夜，但欢乐会在清晨到来。以公正的上帝作为我们的向导，让我们向那些逝者致敬，努力为实践那些令我们国家卓尔不群的精神而奋斗，让我们满怀希望畅想未来。愿上帝保佑我们对逝者的追忆，保佑美利坚合众国……

情感是演讲的灵魂，也是引起听众共鸣的主要媒介，演讲者只有用真情实感的流动，才能感染听众。这段演讲，抚今追昔，奥巴马先以"高楼坍塌""飞机残骸在燃烧"等场景描述让人们重温了十年前经历过的悲痛，与听众同哀，饱含真挚的情感，让听众感受到了一个真诚、真实的总统胸怀。接着，又以"铭记那些未曾改变的东西"和"圣经"理论，使演讲现场的氛围由哀痛瞬时转化为昂扬的斗志，让听众真切地感受到了情感的抚慰，激发了强烈共鸣。

成功的演讲，离不开听众的共鸣；出色的演讲者，总能激发听众的共鸣，点燃听众的热情。听众的情感世界包含着亲情、爱情、故乡之情，对丑恶的愤怒之情……人们都有喜怒哀乐的情感经历，甚至备尝大喜大悲、生离死别的情味。在某种社会背景下或在某些事件上，大众会有情感上的共同性。只要触动听众的情感，就能引起共鸣，加强气氛，并使听众在投入感情之后，其理智也会积极参与。那么，如何才能充分调动听众的情感呢？

 ## 将情感融入其中

带着自己的心去演讲，会让更多的人投入其中。情感是艺术的灵魂，也是演讲生命力的源泉。只有用真情实感才能感动听众；只有用血、用泪、用自己生命的激情去呼喊、去敲击，才能叩开听众的心扉，震撼听众的灵魂，有效地唤起听众的心理共鸣。有这样一段文字：

高中二年级时，我的学业与操行都是劣等，几乎到了老师都放弃我的地步，多次受处分，被留校察看，赶出学生宿舍，幸好当时我的导师王老师一直没放弃我，他请我到教师宿舍，吃师母炒的菜，他请假时让我给同学上国文课，还时常对我说："我教了50年的书，一眼就看出你是一个会成器的学生。"

老师对我好，我不敢再坏下去，不敢辜负他，让他失望。毕业那天我跑去问他："为什么所有的老师都放弃我，你却对我特别好？"他说："这个世界关怀是最有力量的。我当学生时正像你一样，是被一位真正关心我的老师救起来的。"

（节选自：台湾．林清玄《关怀的人生》）

>>> 寻找跟听众的共同点 <<<

有个人请客，看看时间过了，还有一大半的客人没来。主人心里很焦急，便说："怎么搞的，该来的客人还不来？"一些敏感的客人听到了，心想："该来的没来，那我们是不该来的啰？"于是悄悄地走了。

主人一看又走掉好几位客人，越发着急了，便说："怎么这些不该走的客人，反倒走了呢？"剩下的客人一听，又想："走了的是不该走的，那我们这些没走的倒是该走的了！"于是又都走了。

最后只剩下一个跟主人较接近的朋友，看了这种尴尬的场面，就劝他说："你说话前应该先考虑一下，否则说错了，就不容易收回来了。"主人大叫冤枉，急忙解释说："我并不是叫他们走哇！"朋友听了大为光火，说："不是叫他们走，那就是叫我走了。"说完，头也不回地离开了。

常言道："志不同不相为谋。"有共同喜好的人走到一起，才能开怀畅聊。演讲者与听众之间共同的地位、经历、愿望、志趣、信仰、理想等，都具有趋同性，可以从趋同的角度入手，寻找与听众的共同语言，渲染与听众的共同体验，缩短与听众的心理距离，唤起听众的心理共鸣。

>>> 跟他人对比，引起共鸣 <<<

别人有的，你也有，就要借助外在的对比更好地凸显你的优势。对比能更清楚地显示各自的特征，引起听众的重视。在演讲中，用对比的方式来唤起听众的心理共鸣，可以突出演讲主旨的倾向性，引起听众对演讲信息的高度重视，从而与演讲者产生心理的交融。

典型语录：

> 每个人都会死去，但不是每个人都曾真正活过。
>
> 只有经过地狱般的磨练，才能弹出惊世的绝唱。
>
> 幸福的家庭都是相似的，不幸的家庭各有各的不同。
>
> 生存还是毁灭，这是一个值得考虑的问题。
>
> 一万年太久，只争朝夕。

 ## 以求异为突破口

新奇的东西总能第一时间抓住观众的眼睛。追求新奇是听众的正常心理，演讲者可以巧妙构思，以求异为"突破口"，给听众以新鲜奇特的刺激，设置吊起听众胃口的悬念，调动听众的逆向思维，在设疑、质疑、解疑的过程中，使听众产生恍然大悟的心理愉悦。

演讲者的匠心独运，巧设悬念，求异促思，会激发听众的好奇心和思辨欲，最终在揭秘解惑的释然中，对演讲的主旨心领神会而产生强烈的共鸣，促使演讲氛围瞬间提高。

 ## 引导听众一起想象

在演讲中，可以运用想像激发听众的心理共鸣，使听众感觉自己不是旁观者而是参与者，变演讲者的有意想像为听众的无意想像，变演讲者的创造想像为听众的再造想像。演讲者绘声绘色地进行描述和比喻，听众就会在内心再现演讲者描述的艺术境界，从而心驰神往，深受感染。

用归纳推向高潮

运用归纳,能够更好地强调自己所要表达的意思。演讲中的归纳并不需要听众来回答,而是一种表达强烈情感、进行双向沟通的手段,能激起听众心中的波澜,把演讲推向高潮,增强演讲的鼓动性和感染力。比如下面这段演讲使用的就是这样的方式:

到底什么样的人是油腻的呢?

第一个特征是贪。当你身边有个人特别喜欢贪小便宜,什么东西都跟你斤斤计较;当一个政府官员心里想的就是贪污人民的财产;当一个女人和一个男人结婚想的就是这个男人的钱;这个男人和这个女人结婚想的就是女人的美貌而看不到她内在的美好……所有这些行为都是贪。恨不得全世界的好东西都是自己的,所有的坏东西、坏运气都到别人那边去,这样的人就是典型的贪,我们在座的,不管是年轻的还是年老的,只要遇到这样的人就要避而远之,因为他们实在太猥琐,太油腻了。

第二个特征叫做俗。俗是什么概念?不仅是我们说的世俗,不仅身上穿的俗,像东北大嫂一样穿得花花绿绿的,那还不叫俗,那叫民俗。真正的俗是什么呢?比如说我们喜欢炫耀,炫耀什么呢?炫耀自己的外表,炫耀自己的地位,炫耀自己的名车,炫耀自己家里有钱,炫耀自己吃了什么好东西,甚至还有人把自己的人品拿出来炫耀。这些人我认为其实就是油腻的人。为什么?除了外表的东西和自己可以骄傲的物质之外,他从来不去追求自己内心的丰富性。

第三个特征是放弃自己。我觉得一个油腻的人,很明显是放弃了对于美好前途的追求。他放弃了心中的远方,放弃了可以提升自己的美丽的东西,他心中可能不再有崇高,他放弃了自己的进步。并且他始终认为,这个世界已经一切都固定好了,你再努力也改变不了自己的命运。如果当你认为自己再努力也改变不了命运的时候，你这辈子就真的改变不了自己的命运。一个人想着未来就会有未来，一个人想着不要未来，未来永远不会来到他的身边。始终相信未来，是一个不油腻的人的典型标志。油腻是什么？流不动了，像猪油一样凝固在那儿了。流动就意味着我们要走向远方，翻过那座山，去看那个海，这才叫做不油腻。

油腻的第四个特征是装。我身边碰到过不少人，有年轻人、中年人、老年人，就是在装。装自己好像已经获得了智慧，把自己装成个国学大师，动不动就背道德经，动不动就背论语；把自己装做某个领域的专家，在年轻人面前装得自己正气凛然。最后如果有错误的话，还坚决不承认自己犯了错误，在任何人面前不敢坦荡地面对自己这样的装，我觉得这也是一种油腻。我从来没有觉得自己完美过，所以我觉得我不算装。尽管有时候也被人认为我装了，比如我喜欢分享自己的读书笔记，喜欢分享自己的旅游笔记，有人觉得这是一种装。但我觉得这就是我一种生命体验的自然流露而已，挺好的。

最后一个特征就是懒。懒是什么？不仅是外表的脏，最怕的是人内心的懒。像冯唐说的那样不洗澡、不刮胡子那是外表的懒；内心的懒就是不愿意开动自己的思考能力，不愿意开动自己的心去追求新的东西。有的时候懒是用勤奋的方式来体现的，比如说女人一天到晚关注自己的外表，表面很勤奋，实际是一种懒。为什么？因为她对自己内心的丰富不够有自信。男人一天到晚到处社交，去认识这个人，认识那个人，今天想认识马云，明天想认识马化腾，这是一种懒，因为他对自己的生命成长没有信心。所以，懒并不是说一天到晚躺着睡觉。管理学上有一句话"最懒惰的企业家是用战术的勤奋掩盖了战略上的懒惰"，这是真正的懒。

（节选自：俞敏洪《油腻中年人的 5 大特征，你占了几个?》，有删减。）

将道理和趣味结合

　　演讲不是说给自己听，而是让听众听，因此语言最好通俗易懂，不能空洞抽象。演讲者要认真揣摩听众心理，顺应听众需求，激起听众探究的兴趣，做到理趣相生，继而使演讲的道理更加深入人心，激起听众发自内心的共鸣。比如：

　　沸腾是在一定温度下液体内部和表面同时发生的剧烈汽化现象。沸点是液体沸腾时候的温度。贝聿铭应邀到清华大学作演讲时，有学生请他给即将踏入社会的学子就如何为人处世提几点建议。贝聿铭不紧不慢地说："大千世界纷繁复杂，为人处世其实很简单，我的建议只有一条，那就是向钱学习！"

　　同学们一脸茫然，他继续说道："中国古代的铜钱外圆内方，其实蕴涵着深刻的为人处世哲理。人生在世，面对打击磨砺，至刚则易折，必须灵活应对，这是外圆的处世技巧。但做人必须有坚守的准则，任外界风云变幻，信念、尊严、骨气这些底线永远不能丢，这是内方的做人之本。缠树的藤长得再高，可一辈子抬不起头来，因为缺少硬骨，风一吹就弯了腰，只能永远让人看不起。激流中的巨石，在水的作用下棱角全无，但内心却坚实岿然，为人处世亦应如此。古语'智欲圆行欲方'说的就是这个道理。"

　　话音刚落，台下立刻掌声雷动。

　　（节选自：贝聿铭《妙喻谈为人处世》，有删减。）

五、让听众融入演讲的互动交流

人们注意力最集中的时间只有短短的十几分钟，演讲时间稍长，很容易滋生出一大批"三把锁"听众。所谓"三把锁"就是眉头紧锁、双手紧锁和双脚紧锁。一旦听众出现这种态势语言，就意味着此刻的演讲已经让他们出现了审视、对立和反感。

演讲为什么会冷场？为什么提不起听众的兴趣？为什么不能形成良好的氛围？如何在演讲中时刻创造高潮的巅峰状态？答案就是互动交流。演讲是一种沟通，沟通是一种互动，没有互动就没有心动，没有心动就没有共鸣。

互动，简言之就是，演讲者在台上动，听众在台下动。演讲者和听众彼此激发，彼此互动，大家一起来动脑、行动和心动。

为了打造良好的互动氛围，世界著名演讲大师罗宾演讲时用水枪活跃现场气氛；世界汽车销售第一名乔吉·拉得站在讲台上给大家领舞；世界房地产销售第一名汤姆·霍普金斯演讲时走下台跟每个人握手……由此可见，只要善于开动脑筋，就能体验到奇妙的互动体验。

演讲时，让听众参与其中，同演讲者形成台上台下互动、上下呼应的局面，定然会取得不错的演讲效果。

抛出话题，引发议论

俗话说"只要诱饵合适，最难上钩的鱼也会上钩"。在论述新任部门经理如何管理团队的话题时，可以事先抛出一个让人困惑的话题，用"部门经理能否跟下属交朋友？"这个话题引发大家思考部门经理的角色定位。当大家在争论中相持不下时，就可以引出部门经理与下属相处时，如何处理私人情感与工作关系等话题。

认真倾听，不要打断

在与听众互动过程中，沉默寡言的听众一旦说话，就不要轻易打断；如果听众语言表达欠缺，内心很紧张，希望快点结束问答，打断类似"救助"行为，听众会停止发言；用"是"或"不是"来回答的提问，会让互动氛围立刻减弱。正确的做法是，当听众在表达观点时，演讲者要利用积极反馈的方法对待听众；当听众在断断续续地回答时，要用肢体语言进行鼓励和认可，如赞许式点头、赞扬式微笑、注视对方的眼睛、展示认真有兴趣的表情等。

共做游戏，激发兴趣

有位演讲者一上台就问："朋友们一起来做个游戏好不好？"听众兴趣徒增。他再指导听众操作："请将左右手腕到手掌边缘的横纹相叠对齐，然后左右手掌重合，再看右手比左手的中指是否要长一点点？"他指导听众操作，自己又示范，形成模仿式互动。结果大家果然发现右手比左手中指要长点，这更加激发起听众的好奇心。

演讲者以共同游戏的方式和听众形成模仿式互动，既激活了听众的好奇心，又巧妙地增强听众的参与意识，还集中了听众的注意力。

循循善诱，多加赞美

根据心理学，人类在精神需求方面，认可和赞扬属于重要的基础需求，无论性格外向还是内向，人们在听到赞美的话后内心会很愉悦，会产生交流的冲动。因此，当我们在讲述专业性很强的内容时，作为互动的问题可以先易后难，实行先引人入胜，再由浅入深的原则。

动作手势，制造悬念

有位演讲者演讲到中途时，台下噪音四起，特别是女性还交头接耳窃窃私语，演讲者眉头一皱，计上心来。立即停止演讲，高翘起左手大拇指说："在场的男士们，就像大拇指——好样的！"男士们听了齐声叫"好"；他又伸出小拇指大声说："在场的女士们，就像小拇指——"女士们沸腾了，高声抗议。演讲者接着说："女士们像小拇指：小巧，伶俐，苗条，秀美，聪慧！"女士们听了，转怒为喜，报以热烈的掌声。

在这次演讲中，当演讲者发现听众注意力分散时，他随机应变，临场发挥，巧妙地运用手势和动作来制造悬念，激起了听众的喜怒情绪来；然后又急转直下，使大家都转怒为喜，皆大欢喜，确实是调节交流气氛的高手。

先讲故事，再提问题

有位演讲者一上场，就给听众讲了这样一个小故事：

一位富商将要远游，临行前分别给了三个仆人同样数量的钱，让他们任随支配，一年后归还。第一个仆人拿着这笔钱做生意，结果血本无归；第二个也做生意，结果赚了很多钱；第三个把钱珍藏起来。

一年后主人回来，给第一个亏本的仆人补足了同量的钱，叮嘱他以后做生意精明些；对第二个仆人大加赞赏，奖励给他更多的钱去扩大生意；叱骂第三个仆人懒惰，立即收回了本钱。

故事讲完之后，演讲者问听众："主人这样做公平吗？"听众议论纷纷讨论热烈，有人说"公平"，有人说"不公平"。演讲者没有立刻表态，接着说："我先不评论主人是否公平，最后来下结论。如果我的观点不当，欢迎唱反调；哪句话不当，可以和我唱对台戏！"大家齐声说"好"。

接着，他趁机亮出论题《公平竞争，优胜劣汰》，侃侃而谈，还中途提问让听众答"是"或"不是"。台上台下，遥相呼应，大家听得非常认真。到演讲结束时，他才肯定了故事主人的作法高明之处。

演讲结束，掌声雷动。

这位演讲者以故事开场，激发了听众的兴趣，引导他们将注意力集中到演讲内容上；故事讲完又提问题，让听众讨论，引起听众参与的兴趣，激活了听众的思想，也会加倍认真倾听演讲。演讲结束，经过这样一番互动，听众不仅认真听完了他的演讲，还接受了他的观点。这就是先讲故事再提问的好处！

六、让态势语一起传情达意

美国心理学家艾伯特·梅拉比安曾经说过："人的感情表达由三个方面组成：55%的体态，38%的声调及7%的语气词。"这说明了态势语表达的重要性。心理学研究还表明：在人的感觉印象中，77%来自眼睛，14%来自耳朵，视觉印象在头脑中保持时间超过其他器官。很多演讲者无法取得演讲的最佳效果的主要原因之一，并不是有声语言的差距，而是非言语技巧表达的生硬或根本不用。

这就告诉我们，要想让演讲异彩纷呈，不仅要注重有声语言的表达，更要注重无声语言的表达。

服 饰

服饰，是态势语的一大内容。其基本要求是：

1. 与体态协调。演讲者在选择服装时，必须有整体美感，不能为了个别部位的美而破坏了整体形象美。身材与打扮要互相协调，如果形体较胖，就不要穿过紧的衣服，包得紧紧的，会叫人感到透不过气来。此外，服装的颜色搭配也要协调，如果上衣是浅色的，裤子最好穿深色的。

2. 美观大方。演讲者的服饰美，主要指整齐清洁，落落大方。有位女士一共进行了四次演讲，根据演讲主题的不同，分别选择了不同服饰。讲"社会主义好"，穿西装，显得庄重严肃；讲战斗英雄事迹，穿军服，表示稳重肃穆；参加题为"青春、理想"的演讲比赛时，穿T恤衫，显得活泼爽朗；参加小说分角色演讲，他穿上了白衬衫，并结上领带，显得潇洒而又大方。这种做法，很值得借鉴。

礼 仪

步入会场时，演讲者要态度谦和，步子稳健，潇洒自如，面带微笑。千万不要左顾右盼或装腔作势，否则有轻佻和傲慢之嫌；也不要扭怩畏缩，以免有失身份。

正式就座前，应与陪同者稍事相让，才能落座，但不宜过多推让。入座时声音要轻，要坐正坐稳，身体不能后倾或斜躺，不能前探后望，不要玩弄手指、衣角等。

主持人介绍时，演讲者应自然起立，向听众鼓掌或点头表示感激之意，不要稳坐不动或仅欠一下身子。

正式登台演讲时，要先向主持人点头致谢，然后从容稳健走上讲台，郑重、恭敬、诚恳地向听众敬礼；同时，用目光环视全场，表示光顾和招呼，然后开始演讲。

演讲中，要选择恰当的称呼。得体而充满感情的称呼，能迅速沟通演讲者与听众的思想感情，激发听众情绪。演讲时要热情开朗，不可摆出目中无人、冷若冰霜的面孔；要尽量以良好的姿态、稳重的举止来传神达意；要谦逊，有礼貌，当现场听众出现烦躁不安时，不能随意讽刺训斥，应体现出自身的涵养。

演讲结束时，应面带微笑，向听众致礼后从容下台，过于匆忙，会显出羞怯失意的神态；也不可摆出扬扬得意、满不在乎的样子。如果能给人一种谦虚谨慎、彬彬有礼的印象，一定不会因缺乏风度和礼仪而影响演讲效果。

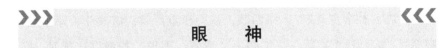

眼　神

眼神也叫眼色，是一种态势语言。

眼睛的神色变化，倾诉着一个人的微妙心曲，能够帮助演讲者传达许多具体、复杂甚至难以言传的思想感情，在演讲中具有表情、表意和控场作用。在与听众的交流中，经验丰富的演讲者，总能够恰如其分地、巧妙地运用自己的眼神去表达千变万化的思想感情，去调整演讲现场气氛，去影响听众。

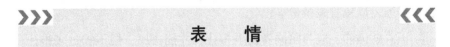

表　情

演讲者的面部表情与口语表达要协调一致，要准确鲜明地反映自己内在的思想感情。同时，面部表情和有声语言的表情达意应同步进行。

为了有效传递信息，交流感情，要尽量避免傲慢的表情、讥讽的表情、油滑的表情和沮丧的表情。这些表情都会在听众中产生不良影响，形成离心效应。

 手势和肩膀

　　一个人的手势，如同牙刷，应该是专属于他个人使用的东西。并且，只要顺其自然，每个人的手势也应该各不相同，不能把两个特点各异的人训练成手势完全相同的人。当然，也没有任何姿势的成文法则，因为一切决定于演讲者的气质，决定于他准备的情形，他的热诚、个性、演讲主题、听众及会场情况，但有些建议仍是有意义的，比如：不要重复使用一种手势，否则会使听众产生枯燥单调的感觉；不要使用肘部做短而急的动作；由肩部发出的动作，在讲台上看来要好得多；手势不要结束得太快，要适时。在练习时，如果有必要，应强迫自己做出手势。

　　最后还有两点需要注意：1. 手势与演讲内容在时间上必须一致。话说完了，动作也必须结束。2. 无论多好的手势，也不能用得太多，以免让听众感到眼花缭乱。3. 动作不要做得过于夸张，特别是在告别式等比较严肃的场合，程度适当即可。

 体　姿

　　体姿对演讲者整体形象的塑造有着很重要的作用。人的体姿与人的相貌有着同等的重要性，都能显示出一个人的气质和风度。如果演讲者站无站相、坐无坐相、走无走相，即使相貌再漂亮、长得再帅，也会大打折扣。只有把自己最美好的姿态拿出来，把最能代表自己精神的风姿拿出来，让听众看上去舒适、坦荡、自然、潇洒、英姿飒爽，才能使身姿为讲演起到借助效果。另外，演讲中还要灵活调整姿态，保持放松且警觉的姿态。

第五章

不同凡响，好的结尾
让演讲余味悠长

一、好的结束语余韵无穷

俗话说："编筐编篓，重在收口；描龙画凤，难在点睛。"演讲结尾就是演讲的收口、点睛。美国作家约翰沃尔夫认为，演讲最好在听众兴趣未尽时戛然而止。意思就是，最好在演讲达到高潮时果断刹车，以此来强化给听众的最佳印象。

拿破仑说过："兵家成败决定最后五分钟。"同样可以说，演讲的成败在相当程度上取决于演讲的结尾。这是因为，如果演讲者设计和安排的演讲开头和高潮都非常精彩，再加上一个出人意料、耐人寻味的结尾，那么会给听众带来一种精神上的愉快和满足。因此，演讲者在进行演讲的时候，一定要选择合适的结尾方法。

那么，如何进行高质量的结尾呢？

>>> 　　　　字斟句酌地做好准备　　　　<<<

　　为了确保结尾尽可能震撼有力，必须字斟句酌地认真准备。最好的方法是，在准备演讲其他部分之前先认真地准备结尾部分，然后再回头设计开头部分，这样就能为结论部分做好铺垫、打好基础。

>>> 　　　　用号召引发情感的共鸣　　　　<<<

　　下面是 2008 奥巴马就职演讲《yes，we can》节选：

　　在正式宣布参选的演讲中奥巴马说："我们能打造一个更有希望的美国"，"我们是未来之希望"。"我们能重造一个理想的世界。""是的，我们能（Yes We Can）。"这使得奥巴马的竞选集会犹如福音布道大会。

　　奥巴马："未来……希望……改变……改变……是的，我们能（Yes We Can）！"然后台下一块喊："是的，我们能！"

　　奥巴马："……他们所说的完全不真实……改变……改变……现在，我们看到了巨大的改变……"台下一块喊："我们一定会改变！"

　　以上循环 5 至 8 遍。

　　接着，奥巴马："……我们相信改变。"台下一块喊："耶——"

　　演讲结束。

　　要让听众知道你希望他们听完演讲后该做什么，这一点特别重要。发出号召是最好的一种方式，可以让演讲充满力量，产生影响。不论最后说什么，都要想办法用上感叹号。演讲接近结论的时候，要发挥能量，增强说话的力度，突出重点，把最后一点讲透。不论听众是否同意你的观点、是否愿意做你期待的事情，都要让他们清楚你要求他们做的是什么。

典型语录：

> 梦想要有，万一实现了呢。——马云
>
> 华为的冬天。——任正非
>
> 别人恐惧我贪婪，别人贪婪我恐惧。——巴菲特
>
> 你是想卖一辈子糖水，还是想跟我们一起去改变世界？（1983年乔布斯对时任百事可乐公司总裁的约翰·斯卡利说了这样的话）

总有一句话，让你久久不能释怀。你讲话的灵魂在哪里？把话讲到灵魂深处，刻在灵魂一隅。

列出重点，进行总结

任何演讲都可以遵循一个简单的公式：告诉听众将要讲什么，讲出来，再告诉他们讲过了什么。临近结尾时，可以说："请允许我简单地重复一下所讲的重点……"然后把重点逐一列举出来，重复一遍，让听众明白这些要点之间彼此的联系。当演讲者将听过的要点穿针引线时，听众就能明白你快要收尾了。

让观众开怀大笑

演讲时也可以用幽默的方式收尾。可以讲个跟演讲主题有关的笑话，可以通过让听众都发笑的故事，重复一下演讲中提到的教训或重点内容。

»»» **让结尾充满韵律** «««

演讲时可以用一首诗来收尾，让其充满韵律。有很多好诗，可以用来总结重点内容，比如：充满动感的、充满戏剧性的、情感丰富的。

»»» **给听众鼓励和启迪** «««

做振奋人心的演讲，一定要记住：人们都喜欢受到激励、得到启迪，在未来成为不一样的人、做不一样的事。还要记住：每个听众都在应对问题，克服困难，迎接挑战，经历失望，遭受挫折或暂时的失败。因此，大家都喜欢听鼓励的故事或鼓励的诗，来让自己获得力量和勇气。

二、演讲结束的三大原则

精彩的结尾能使整个演讲的内涵和风采骤然升级。

一次，"戴维斯杯"网球赛结束后，云南省体委在国家体育训练基地为印度尼西亚队饯行。印度尼西亚队输给了中国队，队员的情绪都不高。该队领队在致辞时说：

> "虽然我们尽了最大的努力，但由于气候不适应等原因，我们没有将自己的技术很好地发挥出来，遗憾地输了球。但这对东道主中国队来说，我们是最好的客人，今天我在这里祝贺贵队取得优良成绩，就是最好的证明……不过，来日方长。如果我们下次再来做客时，不能成为你们最好的客人，也请尊敬的主人不要见怪。"

这段致辞不卑不亢，礼貌而幽默，尤其是绝妙的结尾——"不过，来日方长。如果我们下次再来做客时，不能成为你们最好的客人，也请尊敬的主人不要见怪"更是圆熟流畅。

幽默风趣的结束，是整个演讲幽默的升华，也是演讲者全部玩笑机智的总爆发，能将演讲者徐徐道来的真理印章般打在听众心坎上，让他们记忆深刻。当你的演讲简短、有力、切题且生动活泼时，听众才会有意犹未尽之感；而意犹未尽是出色演讲美妙的结尾的极致。

尤其是在宴会或其他联谊性的餐会，演讲会被安排在一天快结束的时候举行，那么高度戏剧性的结尾、幽默的结束语更能让人们的精神得到鼓舞，同时使演讲熠熠生辉。

成功的演讲通常都追求真理的启迪、感情的激发、艺术的感染、行动的导引等，能在结束时赢得笑声，不仅是演讲技巧成熟的表现，更能给演讲者本人和听众留下愉快美好的回忆，也是演讲圆满结束的标志。好的开始是成功的一半，但完美的结尾也是整个演讲必不可少的部分。因此，演讲者在选择结尾的时候，一定要慎之又慎。

不要虎头蛇尾

演讲结尾要有一定的高度，要尽量将全文的内容升华到新层次，既能照应开头、总结全篇，又要突出重点、深化主旨，要给听众留下完整而深刻的印象。开始时东拉西扯，临近结尾时不作必要的概括，匆忙结束，只能让演讲失掉应有的光彩。这种结尾是应该避免的。

不要画蛇添足

演讲结尾要出人意料，耐人寻味，绝对不能平庸无奇，画蛇添足。结尾该断时，必须断，不要节外生枝。演讲本来应该结束了，听上去似乎已经结尾了，但演讲者却依然在没完没了地讲，比如："前面我说的几点是非常重要的，在此我还想强调一下，再啰嗦几句……"，势必会造成听众心理上的疲劳和精神上的困倦，让听众产生不满甚至反感。

不要冗长拖拉

演讲的结尾要像豹尾一样，干净有力，短小精悍，简洁明快，新颖别致。要以巨大的感染力，使听众情绪激动起来，振奋起来，最忌拖拉啰嗦。演讲者有话则短，无话则免。结尾的时候，依然要讲几十分钟，甚至个把小时，没完没了，好像时间越长越能体现自己的级别、水平和存在，其实每个人都反感说话停不下来的人。

不要废话连篇

演讲开始说得不错，但结尾时就落入俗套，尽说些故意做作的、令人生厌的客套话，听众就会像吃了发霉的花生一样，将满口的香味全破坏掉。比如："今天我们就讲到这里，本来是不准备发言的，但主持人一定要我说，我就恭敬不如从命。由于时间有限，再加上本人水平有限，所以就泛泛而谈，以上几点不成熟的意见仅供参考，不对的请批评，不好的请指正。"这种结尾陈旧、庸俗、平淡无味、废话连篇，是演讲结尾的大忌。

不要旁敲侧击

看到个别听众在演讲中不注意听，某些听众对自己的演讲不感兴趣，或在下边看报纸、织毛衣，或交头接耳、小声议论，演讲结尾时，有的演讲者就会故意说上几句旁敲侧击的话，发泄心中的不满。这种作法不仅多余，更会体现演讲者思想素质的低下，缺乏职业道德修养。

三、演讲结束八法

美国演讲家乔治·柯赫说："当你说再见时，必须使听众微笑。"在一场演讲中，精巧的结尾如绕梁之余音，袅袅不绝，会使听众余兴未阑、回味无穷。但是，炮制精巧的结尾却并不容易，需要掌握八种方法。

对演讲内容进行总结

演讲结束时，演讲者可以用精炼的语言对演讲内容进行概括性总结，使听众对整个演讲有清晰明确的印象，或简要的提议，或对中心思想做准确的归纳。例如，在莎士比亚的名著《凯撒大帝》一剧里，伯鲁特司对市民的演讲就使用了这种总结方法：

> 临了，我要告诉诸君一声：罗马帝国，我不得不刺杀好友凯撒，刺死凯撒的便是我，便是这把短剑。假如他日我的行动和凯撒一般，请诸君就用这把短剑来刺我吧！要是大家的行为，也和凯撒一样，那么这把短剑终是不肯饶过你的。请诸君认清这把短剑，请诸君认清卖国贼，认清爱国的好汉。

这段结尾虽然只有短短十几句话，却包含了整个演讲的内容，同时将他的热情充分表现了出来。

对听众提出呼吁和号召

演讲结束时，演讲者可以用慷慨激昂、扣人心弦的语言，对听众的理智和情感进行呼唤，或提出希望，或发出号召，或展示未来，激起听众感情的波涛，使听众产生一种蓬勃向上的力量。比如，下面这段结尾使用的就是提希望的方式。

> 朋友们，我们正处在一个伟大变革的黄金时代，企业的发展和振兴，需要我们大家一起努力。如果每个人都能正确处理好"小家"和"大家"的关系，严格地要求自己、约束自己、激励自己，那么我们企业的形象将会更加光彩照人，我们企业将会更加坚强伟大！

>>> 对听众表示真诚的感谢和祝福 <<<

诚挚的祝贺和赞颂都充满了情感的力量，最容易拨响听众的感情之弦，产生和谐的共鸣。所以，用祝贺或赞颂的言词结尾，最能营造一种欢乐愉快、热情洋溢的气氛，使听众在愉快中增加自豪感和荣誉感，激励人们满怀信心去创造未来。下面是一段迎新茶话会的演讲结尾：

> 最后，在春节佳节即将到来之际，我向全体员工及其家人拜个早年。祝老年人春节愉快、身体健康、寿比南山！祝中年人春节快乐、家庭幸福、事业成功！祝年轻人春节欢乐、爱情甜蜜、前程无量！祝孩子们健康快乐、学习进步！祝大家年年幸福年年富，岁岁平安岁岁欢！

人们通常都喜欢听赞颂的话，相互赞颂自然也就成了演讲吸引听众的最好手段。通过这些赞颂的话，可以让会场气氛达到一个新高潮，能够让演讲者和听众的关系变得更加融洽。

>>> 用重复题目的方式结尾 <<<

题目或标题是演讲的重要组成部分，是最具个性和特色的标志。

在演讲结束时，重复题目，再一次点题，就能加深听众对演讲的印象，使听众产生强烈的共鸣。下面这段结尾使用的就是点题式：

> 我登上崇山峻岭的高峰之巅，站在万里长城高耸入云的城楼之上，挺立在世界的东方，屹立于祖国的山川大地，向大洲、大洋、星球宇宙纵声呼喊："我爱长城！我爱中华！"

这种结尾方式，既表达了主题的需要，又能对听众产生醍醐灌顶的冲击力。

>>> **抒发情感，给人启迪** <<<

演讲者在叙述典型事例和生动事理后，有时会油然而生一种激情，或触景生情，或借景抒志。采用这种方式结尾，言尽而意未尽，留有余韵，能够给听众以启迪。例如，郭沫若《科学的春天》的结尾采用的就是这种方式：

> 春分刚刚过去，清明即将到来。"日出江花红胜火，春来江水绿如蓝。"这是革命的春天，这是人民的春天，这是科学的春天！让我们张开双臂，热烈地拥抱这个春天吧！

这个结尾热情奔放，以诗一般的抒情语言激励人们向科学进军，拥抱科学的春天，具有很强的鼓动力。

>>> **用幽默给听众留下印象** <<<

除了某些较为庄重的演讲场合外，利用幽默结束演讲可以为演讲添加欢声笑语，使演讲更富有趣味，令人在笑声中深思，留下一个愉快的印象。有这样一段话：

> 同志们！我对北京申奥成功有三句话：

第一句是，对北京申奥成功致以热烈的祝贺；

第二句是，对全国人民对北京市申奥所做出的贡献，及国际奥委会和其他国家朋友对中国申办奥运所给予的支持，表示衷心的感谢；

第三句是，希望全国人民都和首都人民一起奋发努力，扎实工作，一定要把 2008 年的奥运会举办成功。

在这里演讲者运用的就是一种平地起波澜的造势艺术，打破了正常的演讲内容，制造出了出乎意料、幽默的效果。

引用他文结束演讲

演讲结尾处使用谚语、成语、格言、警句、诗词等，言简意明，画龙点睛，可以让内容显得充实丰满，具有哲理性和启发性。例如，英国扶轮社的哈利·罗德爵士在爱丁堡大会上是这样结束演讲的：

回到家里后，你们中的有些人会寄明信片来给我，但即使你们不寄给我，我也要给你们每人寄一张，而且你们会很容易知道是我寄的，因为上面未贴邮票。在上面，我会要写这样一些字：

季节自己来，季节又自己去。

你知道，世间一切都依时而凋谢。

但有一件却永远像露水一般绽放鲜艳，

那就是我对你们的仁慈和热爱。

这段诗适合爵士全篇演讲的旨意，用得简直是恰到好处。

回应开头，首尾圆合

这种结尾与开头意愿重合但又在意境上高出开头，可以让整篇演讲首尾圆合，结构完整，还能锦上添花，给听众留下完整而深刻的印象。比如，《井下工有颗金子般的心》的开头是这样的：

> 你了解井下工吗？井下工，顾名思义，是在矿井下作业的工人。这是当前最危险的工种……他们不仅承受了人们的种种误解，还以自己有力的臂膀擎起了整座矿山！可以自豪地说：在我们招远金矿，有多少井下工，就有多少颗金子般的心！

接着，演讲者讲述了三个生动感人的事例，歌颂了矿工无私无畏的奉献精神。最后，是这样结尾的：

> 朋友们，黄金是宝贵的，比黄金更宝贵的是井下工那颗金子般的心！如果整个社会、各行业的每个人都能在自己的岗位上竭诚尽力，无私奉献，那么四化何愁不成……愿我们都有一颗金子般的心！

这篇演讲，开头、结尾处处照应，首尾圆合，增强了鼓动力和激奋力。

四、演讲结尾的禁忌

演讲结束得太过突然，结束方法不够平顺，缺乏修饰。只能造成愉快的效果，也显示演讲者是个十足的外行。即使是优秀的演讲者，也认为，必须把结尾全部写下来，一字一句地背下来。模仿他们的作法，必然不会再感到后悔。

林肯的第一次就职演讲就犯了这样的错误。当时美国形势紧张，冲突与仇恨的乌云已在头上酝酿，几周后血腥与毁灭的暴风雨就会在美国各地爆发。林肯本来想以下面这段话作为就职演讲的结束语：

> 心中怀有不满的人们，内战这个重大的问题掌握在各位手中，

而不是在我手里，政府不会责骂你们。你们不当侵略者，就会遭遇冲突。你们没有与生俱来的毁灭政府的誓言，但我却有一份最严肃的誓言，要我去维护、保护及为政府而战。你们可以避开对这个政府的攻击，但我却不能逃避保护它的责任。"和平或是大动干戈"这庄严的问题是在各位身上，而不是在我身上！

当他将这份演讲稿拿给国务卿西华过目时，西华正确地指出了这段结尾的缺点，说这段结尾太过直率，太过鲁莽，太具刺激性。

很多事情，如果事先把计划做好，剩下的就好办了。面对听众之后才试着策划你的结束语，而此时你正承受着演讲时的重大压力与紧张情绪，思想又必须专注于所说的内容，就容易带来不必要的麻烦。因此，在事前心平气和而又安静地策划此事，这种结果就不会出现。

▶▶▶　　严重超时　　◀◀◀

演讲结尾要短小精炼，简洁明快，更要具有感染力，将听众的情绪带动起来。严重超时，胡吹乱侃，无论有没有实质内容，一开口就大谈特谈几十分钟甚至几个小时，认为演讲时间越长越能够体现自己的水平。其实，多数人都反感长话、空话和大话。

▶▶▶　　草草收场　　◀◀◀

演讲结束时要保持一定的高度，要跟开头相照应，将演讲内容升华一个层次，总结演讲全部内容，又要将演讲主题再次强调突出，让听众感觉这是一个完整有序的演讲。开始时没有中心主题、东拉西扯，进入结尾时，对主题一语带过，不做总结，匆忙结束，只能让听众一片迷茫，不知道演讲的主题究竟是什么。

没完没了

演讲结尾该结束就结束，可有可无的套话不要说。明明已经到了结尾处，但却又喋喋不休地说十几分钟，讲的内容都没有什么意义或和前面内容完全重复，比如："前面我讲的几点内容都十分重要，我再强调一遍……"这些话就是典型的节外生枝，势必会让听众产生厌恶或反感。

结尾提问

提问，最好在演讲的开始和中间段进行，在结尾提问会分散听众的注意力，影响听众对演讲主要内容的记忆。

等待夸奖

不仅在结尾中不要等待夸奖，演讲中的任何时间都不要等待夸奖。因为，即使等来了，也是听众不得不给的夸奖，对演讲本身毫无作用。

做作客套

正常演讲都不错，进入结尾时却有失水准，过分地谦虚做作，只能让听众心中产生反感，在演讲过程中积累的好感也会因为结尾顿时全无。

>>> **脱离主题** <<<

选择任何结尾方式，故事、诗歌、对联、合唱，都要与主题相关，或呼应主题，或升华主题，或唤起行动。如果演讲的主题是寻找幸福，就可以选择歌曲《幸福在哪里》呼应主题，或讲一个关于幸福的小故事，不要让结尾和整个演讲脱离。

五、如何把握演讲的时限

演讲既不是连续说话的纯耐力角逐，也不是上台鞠个躬后就飘然而去的黑色幽默，而是在一定时间内进行的信息传播活动，这就涉及到了演讲的时限问题。

任何演讲都有其特定的目的和内容，人们据此把演讲分为公务报告、学术研讨、社交礼仪、专业比赛等多种类型，各种类型的演讲对时限的要求也就不尽相同。

人为限制。比如，比赛性演讲。这类演讲一般都有特定的目的，为了考核和评价人才素质而集中组织多人参加的演讲活动。为了防止参赛者因信口开河而浪费时间，一般都要求3~5分钟，参赛者虽或多或少产生戴着镣铐跳舞的感觉，但依然要按特定的时限要求精心准备；一旦出现超时现象，就会削弱演讲效果从而导致失分。

非短不可。比如，社交礼仪类中的欢迎辞、贺辞等，主要讲究规范性、程式性和礼仪性，必须在较短的时间内完成，冗长啰嗦，会显得失礼而贻笑大方。比如，在文艺晚会上，观众对精彩节目望眼欲穿，如果某个领导或贵宾手执话筒唠叨个不休，一定会引得嘘声四起，影响演讲效果。

非长不可。比如，学术研讨类的演讲，一般是就某一门类专业知识进行说明和论证，讲究的是语法的理论性、逻辑性和科学性，要把观点和材料、数据准确无误地传达给听众，急于求成，一味求简，就会降低演讲本身的学术价值。

上面这些都说明了演讲的特定目的和内容是决定演讲时限的本质因素，但演讲的目的和内容一旦确定，也并不意味着演讲时限就被彻底定格了，实践证明，演讲者还可以根据听众和环境的变化灵活地调整演讲内容和演讲时限，这里就涉及到了演讲时限的"机变"艺术。

对时间控制的总体要求

演讲内容各部分的大致比例是：开场白、主要内容、结论。通常，主要内容应占据发言时间的 75%。现实中，多数演讲新手在演讲时语速过快，导致很多重要的地方就得不到澄清。

演讲排练越接近实际情况，对时间估计的误差越小。练习的时候，要用手表查看自己的演讲时间，但不能死盯着手表的指针，只要将开始和结束的时间记下来即可。手表指针的运动会给你一种压力，让你不太自然。如果觉得自己讲得太慢，在最后一分钟可能会把速度加快一倍，或者把自己的语速放慢，用使人昏昏欲睡的口吻把句子拖得很长。能够为每个部分的讲话定时，对演讲时间的控制会帮助很大。

经验丰富的演讲者一般都知道演讲的各部分该占多长时间，即使演讲时间在总体上控制得非常好，他们依然希望再把时间分割得更加细致一些。明白时间的长短有助于随时进行调整，这是演讲过程中经常出现的情况。

当排练工作进行到一定的程度时，每次演讲花费的时间就会大致相等，这时就要记下每个部分各自花费的时间。比如，可以在开场白的笔记右下方标记"2 分钟"，在第一个要点后记"5 分钟"，在第二个要点后记"8 分钟"等。

演讲时间太长，怎么办？

如果演讲时间太长，超出了预定的时间，可以采用下面这些方法来解决这个问题：

1. 检查自己的证据和例子，不要反复重申同样的内容。

2. 取消较长的故事、笑话、叙述等，除非它们对演讲主题至关重要。

3. 把某个要点全部取消，相应地调整主题。

4. 例子的描述不要太过详细，不要讲述整个故事的来龙去脉，只需包括所有关键要素的大概情况即可。

5. 用演讲以外的其他方式来解说技术和细节，如分发资料或使用视觉道具。

6. 简化语言和措辞，说话要深入浅出。

演讲时间太短，怎么办？

如果演讲时间太短，可以从下面几个方面考虑改进：

1. 检查是否存在一些重要看法没有充分发挥。

2. 检查自己的措辞是否过于简短。我们口语的语速一般都比较快，所以要进行重复和修饰，还要加入各种说明来使听众完全把握你的意思和你希望传达的重点。

3. 为所有要点都配备充分的证明材料。再次检查论据，确保论点都有根有据或没有跳过某些逻辑证明的步骤。

4. 在图书馆查找资料的工作可能做得不够，你是否确实查阅了众多资料？

第六章　善用技巧，提升演讲感染力

一、让听众进入情境的技巧

一位军人曾做过题为《军装是一面旗帜》的演讲：

她叫周连弟。

周连弟知道，自己身患癌症，已经到了生命的最后时刻。临终前，她用暗淡无光的眼睛，注视着站在床前与他相伴多年的同事。领导俯身问她："你还有什么要求吗？"她举起微微颤抖的手臂，握着战友的手，用极其微弱的声音说："此生我无所遗憾，无所要求，只请组织批准我，在我死后给我穿上军装，让我穿着军装走吧！"

这段话中，讲述了国防战线的老科技工作者周连弟病逝前请求组织批准自己死后穿上军装的现实情景。听到这样的现实情境，听众怎能不受到感动？怎能不在感动中跟随演讲者的思路，一步一步进入描绘的情境中？

　　演讲不是演讲者一个人唱独角戏，是演讲者与听众双方互动体验的过程。用热情去感动听众，适当地和听众套套近乎，把感情投入进去，才是非常精彩的演讲，也是成功的演讲。让听众感受到你的热情，演讲将会顺利地进行下去。那么，在具体的演讲过程中，如何带领听众进入情境中呢？具体可从以下几方面进行努力：

>>> 　　　　　　　　　　　　　　　　　　　　<<<
把热忱传递给听众

　　要想将听众引入演讲的情境，就要将热情传递给他们。

　　有一次，一所大学举行演讲比赛，六七个学生参加了这次比赛。他们几个都受过良好的训练，并且准备在当天好好表现一番。但是，他们都将自己的全部精力用在了赢得奖牌上，忽略了说服听众。他们选择的题目都不是个人的兴趣，而是基于演讲技巧的发挥。只有一位来自农村的学生是个例外。他演讲的题目是《土地对人类的贡献》。他所讲的每个字都充满了强烈的感情，而不仅是演讲技术的操练。他所讲的都是活生生的事实，完全出自内心的信念和热忱。他成了农民的代表，他为自己的土地发言。最终这个学生赢得奖牌。虽然他在演讲技巧上还不能跟其他人相比，但由于他的演讲充满了真诚，燃烧着真实的火焰。

>>> 　　　　　　　　　　　　　　　　　　　　<<<
跟听众现场交流

　　下面是一个大学生在题为《生我是这块土地》的演讲中说的一段话：

　　　　同学们，听了这个故事，你们是否想到，那两位老人辛苦了一生，很可能没见过什么冰箱、彩电，但他们却拿出自己积攒的钱修路，让国家把钱花在更有用的地方。也许，他们省下的钱就在供养着你和我，供养着我们这些大学生——时代的宠儿！当我们按月领取奖学金的时候，我们是否想到这样的老人？想到他们期望的目光和那淳朴的心愿？

演讲者在转述一个同学告诉他的关于两位老人卖开水攒钱捐助修路的事迹之后，一下子把视点投放到演讲的现场中来，通过运用设问的方式同听众直接交流，表现了当代大学生的社会责任意识和时代奉献精神。这种现场交流的意向，定然能促进演讲者的情感投入，并取得强烈的演讲效果。

让听众当演员

为了达到让听众扮演一个角色的效果，最常用的方法之一就是向听众提出疑问，启发他们去思考回答。

演讲是有演有讲的一种活动，运用戏剧舞台的表演技巧，把听众吸引到演讲词的情境中去，让他们扮演其中的某个角色，或干脆指定一两个听众临时当个帮手，完全可以加强听众的注意力，提高其兴趣。

二、说服听众的技巧

这个世界，不是你影响我，就是我影响你，或者互相影响。演讲，是用口头语言影响别人的一种方式。鲁迅把笔当作战斗的武器，我们也可以将演讲当作激励的工具。

既然马云能够"忽悠"别人在淘宝天猫阿里巴巴上做生意，为什么你就不能影响听众追随你的思路，采取行动？因为演讲领域有一套独特的密码，这套密码能够按部就班教你进行正确地演讲，从而影响说服听众。那么，在具体的演讲过程中，如何提高自己的说服力呢？

 登门槛法

一个人一旦接受了他人的一个微不足道的要求，为了避免认知上的不协调，或想给他人以前后一致的印象，就有可能接受更大的要求。这种现象，犹如登门坎时要一级台阶一级台阶地登，这样能更容易更顺利地登上高处。关于登门槛效应有这样一个小故事。

有个小和尚跟师父学武艺，可是师父却什么也不教，只给他一群小猪，让他去放。庙前有一条小河，每天早上小和尚都要抱着一头头小猪跳过河，傍晚再抱回来。开始的时候，小和尚感到不理解，问师傅为何什么都不教给他，但师傅并没有回答他，依然让他日复一日地去照顾猪。一年很快过去，小和尚在不知不觉中练就了卓越的臂力和轻功——原来小猪一天天长大，体重不断增加，小和尚的臂力也在不断增长。这时，他才明白了师父的苦心和真正的用意。

登门槛效应在销售中经常可以看到，比如：超市里举办的试吃活动。这些免费品尝的食品都有一个共同点，就是特别好吃，很多人都是因为试吃过后才去买的。如此，就减小了销售难度，大大增加了成交量。

登门槛效应，在演讲中也应用得十分广泛。无论是演讲还是发言，无论是聊天还是正式谈话，都有想要达到的目的，需要完成的目标。而只有循序渐进地用语言将自己的意图清晰地一步接一步地描绘出来，才能逐渐地被听众理解和接受。

假设带入

将假设带入演讲，更容易说服人。

第二次世界大战期间，美国需要动员大批青年服兵役，但多数美国青年过惯了舒适生活，担心上战场会丢掉生命，纷纷抵制美国五角大厦发出的征召令。俄亥俄州的地方行政长官连续第五次被参谋长联席会议主席训斥得灰头土脸。他已经说得口干舌燥，却仍然无法说服懦弱且意见纷杂的青年。正当他感到焦头烂额的时候，有人向他介绍了一位有名的心理学家。

心理学家经过一番精心准备后，信心十足地来到募兵现场。面对台下东张西望的青年，他先沉默了五分钟，然后用浑厚的男中音开始进行演讲："亲爱的孩子们，我和你们一样，特别珍惜自己的生命。"

青年们见他颇有学者风度，说话又切合自己的胃口，安静下来聆听。

"首先我要提醒大家，热爱生命是无罪的，因为我们每个人都只有一次生命。凭良心说，我同样反对战争、恐惧死亡，如果要求我到前线去，我也会和大家一样想逃避这项命令。但是，我也存在另外一种侥幸心理：假如我服兵役，可能只有一半的几率会上前线作战，也可能会留在后方；即使上了前线，作战的可能性也只有一半，因为说不定我会成为某长官的左右手而留在安全地区；即使不幸必须扛起枪，受伤的可能性仍然只有一半；即使不幸挂彩，如只是轻伤也不会受到死神的召唤，因此我没有担忧的理由；如果是重伤，在医生的帮助下也可能逃离地狱的鬼门关；就算真的运气不好，不幸为国捐躯，亲人和朋友也将替我感到骄傲，父母不但会受颁一枚最高勋章，还可得到一笔数量可观的抚恤金和保险金，邻居孩子们会以我为英雄，把我当成偶像来崇拜。

我也会进入天堂，来到慈祥的天父身边，说不定还会见到万人敬仰的华盛顿将军。"

听完这段演讲，本来极力抗拒上战场的青年们纷纷表示愿意赌一赌。

案例中，心理学家之所以能够攻下青年的心理弱点，就是因为使用了大量的假设，淡化了参军的危险。他从人们的心理出发，成功地被说服了他们。

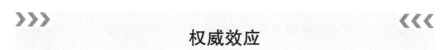

权威效应

所谓权威效应是指，一个人如果地位高、有威信、受人敬重，那他所说的话及所做的事就容易引起别人重视，并让他们相信其正确性，即"人微言轻、人贵言重"。

"权威效应"的普遍存在，首先是由于人们有安全心理，总认为权威人物的言论是正确的，服从他们会使自己具备安全感，不会出错的保险系数也会增加；其次，人们有赞许心理，认为权威人物的要求往往和社会规范相一致，按照权威人物的要求去做，就会得到各方面的赞许和奖励。

因此要想说服听众，就要利用权威效应，多引入一些权威言论及名人名言。

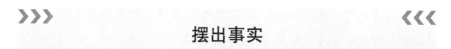

摆出事实

这里有段演讲词：

"嘴上无毛"就一定"办事不牢"吗？古今中外许许多多军事活动家，恰恰都是在风华正茂时，建立起了了不起的功业的。民族英雄岳飞20多岁带兵抗金，当节度使时才31岁。其子岳云

12 岁从军，14 岁打随州率先登城，成为军中骁将，20 岁时就当了将军。

曾经统率大军席卷欧洲大陆的拿破仑，从巴黎军事学院毕业时不过是炮兵少尉；法国大革命时参加革命军，1973 年率部在土伦战役中击溃保皇复辟势力，被晋升为少将时才 24 岁；统兵攻打意大利，不到 30 岁即当了东线和南线的指挥官；独当一面，任国防部长时才 40 岁。

在我国军队里，多数老帅不也是在二三十岁时就当了师长、军长、军团长以至军总指挥了吗？可见"嘴上无毛"与"办事不牢"之间没有必然联系，关键是有才与无才。套用一句古话来说："有才不在年高，无知空活百岁。"

在这篇演讲中，演讲者为了论证"嘴上无毛未必办事不牢"的观点，先后引用了岳飞、岳云、拿破仑等多个少年有为者的事例，以确凿而充分的事实证明了年龄与才能之间没有必然的联系，增加了说服力。

三、修辞语言的表达技巧

修辞手法是演讲中需要运用的一项重要语言技巧，灵活地穿插运用比喻、比拟、排比、象征、夸张、反复、借代等修辞手法，可以营造语言气势，充分表达情感，让语气更加强烈，让演讲更生动活泼，从而引起听众的注意，大大增强演讲的感染力。

 比　喻

一位老师演讲的时候热情地歌颂了人民教师，结尾处用了一连串的比喻：

作为未来教师的我，没有太高的奢望——只求用知识的雨露
去浇灌幼苗。像红烛，将全部心血化为光焰，去照亮青少年一代
那美好的心灵；像春蚕，为谋求人类的幸福，吐尽最后一口丝。

这里，演讲者将传授知识比喻为"用雨露去浇灌幼苗"，把"教
师"比喻为"红烛""春蚕"，比喻贴切，赞美了人民教师的伟大奉献
精神，表达了对人民教师的无比崇敬的情怀。

比喻，就是打比方，即以彼物比此物。演讲中要表达某一事物或
道理时，运用联想或想象，引进另一种事物或道理，就可以将要表达
的事物或道理反映得更具体、更贴切、更生动、更富有感染力，使听
者爱听，听得明白，从而留下深刻印象。

当然，演讲中运用比喻要贴切得体，要根据不同本体的爱憎感情，
恰当选择具有不同褒贬色彩的喻体，决不能用假恶丑的事物来比喻真
善美的事物。当然，也不能用真善美的事物去比喻假恶丑的事物。同
时，比喻是否有生命力，不在于量而在于质，在于推陈出新，要新鲜、
奇特，切忌陈词滥调。

比　　拟

比拟，容易让听众产生联想，获得话语的形象感和生动感。

某人在做演讲《信念的力量》时，有这样一段：

翻开中国的历史看看，中华民族经历了多少深重的灾难……
长江在哭泣，黄河在哀号。广大的中国土地上，多少人流离失所，
妻离子散；多少人逃荒要饭，家破人亡。

"长江""黄河"是中华民族的象征，说"长江在哭泣，黄河在哀
号"就是运用了震撼人心的拟人手法，生动形象地表现出祖国沉重受
难的历史，发人深思。

>>> 夸　张 <<<

　　演讲中为了强调事物的某种特征，可以故意言过其实，或夸大事实，或缩小事实，让听者对所要表达的内容有一个更深刻的认识和了解。合理地运用夸张技巧，不仅便于揭示事物的本质，还能加强说话的感染力，更能启发听者的想象力。

　　当然，运用夸张，必须以现实生活为基础，不能漫无边际，做到言过其实而又合情合理，不似真实而又胜似真实；夸张虽然可以言过其实，但不能浮夸，不能哗众取宠，更不能无中生有，信口开河，必须以客观事实为基础，必须反映客观事物的本质特征。

>>> 象　征 <<<

　　象征是比喻的延伸和扩大，它是借助于特定的具体事物，来寄寓某种精神品质或抽象道理的修辞手法。

　　一般来讲，象征可分为明征和暗征。明征就是象征客体、象征意义、联系词在话语中同时出现，这类象征意义较明显、固定。如：人民英雄纪念碑是用一万七千块坚硬的花岗石和洁白的汉白玉砌成的。它象征着先烈们的丰功伟绩，寄托着全国人民对先烈的怀念和敬仰之情……

　　暗征则只通过对象征客体的精细、巧变的说法来暗示其象征意义，以期引发人们丰富的联想和想象。

>>> 排　比 <<<

　　这种修辞手法一般是由三个或三个以上结构相同或相似、内容密切关联、语气一致的词组或语句排列而成，用以表达同一范围、同一性质的事物。运用排比可使语意表达层次清晰、语势强劲、节奏鲜明、语意畅达，演讲过程中，要使用排比来表达各种情感。

在 1968 年 8 月 28 日美国华盛顿黑人集会上，马丁·路德·金发表了一场精彩的演讲，其中有这样一段话：

> 一百年前，一位美国伟人签署了《解放宣言》。现在我们站在他纪念像投下的影子里，这重要的文献为千千万万在非正义烈焰中煎熬的黑奴点起了一座伟大的希望灯塔。这文献有如结束囚室中漫漫长夜的一束欢乐的曙光。然而，一百年后的今天，我们却不得不面对黑人依然没有自由这一可悲的事实；一百年后的今天，黑人的生活依然悲惨地套着种族隔离和歧视的枷锁；一百年后的今天，在物质富裕的汪洋大海中，黑人依然生活在贫乏的孤岛之上；一百年后的今天，黑人依然在美国社会的阴暗角落里艰难挣扎，在自己的国土上受到放逐。所以，我们今天到这里来，揭露这骇人听闻的事实。

此段演讲中出现了多处"一百年后的今天"，就是典型排比，增强了语气，极具感染力。

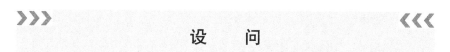

设　问

设问是演讲中常用的一种手法，渲染性强，吸引力大，可以有效地启发人们思考，从而使演讲产生更好的效果。用这种方法演讲，能把听众的注意力引到演讲者身上，集中精力来听取演讲内容。

有这样一段演讲：

> 我跟马云探讨过几次兔子与坏人的问题，争论焦点是：究竟兔子对公司危害大，还是恶劣的坏人对公司危害大？

最终，我被马云说服了，兔子对公司危害更大。因为坏人有坏人行为表现，周围的人能察觉，会警惕、提防他。大家有了提防，他造不成太大危害，或者造成的危害是一时、短暂、一次性的，危害不持久。

为什么兔子对公司危害更大？兔子人缘好，讨大家喜欢，但它不出业绩；兔子最爱繁殖，比谁都爱繁殖，不停地繁殖，找同类，生出大量小白兔，形成兔子窝，霸占着岗位、资源和机会。如果一个公司大量核心岗位被兔子霸占，形成了"兔子窝"文化，就失去战斗力，失去市场机会。

 反 复

为了增强语言表达的效果，可以让同一语言重复地出现。演讲时使用反复能渲染感情，能够突出要点。

比如：罗斯福《一个遗臭万年的日子》节选：

昨天，1941年12月7日——一个遗臭万年的日子——美利坚合众国遭到了日本帝国海空军部队突然的进攻。

昨天，日本政府已经发动了对马来亚的进攻。

昨夜，日本军队进攻了香港。

昨夜，日本军队进攻了关岛。

昨夜，日本人进攻了菲律宾群岛。

昨夜，日本人进攻了威克岛。

今晨，日本人进攻了中途岛。

我要求国会宣布：自1941年12月7日——星期日日本进行无缘无故和卑鄙怯懦的进攻时起，合众国和日本帝国之间已经处于战争状态。

引　用

一个人的语言表达能力无论多么强，毕竟是有限的，借助多种多样的表达能力，使其熔为一炉，就能产生以少胜多、言简意赅、韵味无穷、寓意深刻的表达效果。演讲中引用名言警句、熟语、典故等，来证明事物、阐述道理，可以增强说服力和感染力，使语言表达言之有据、生动形象。

汪中求演讲《开除你的时机成熟了》有句歇后语叫"半空中的火把——高明"。演讲中，我们也可以往半空中扔火把，亮出自己的高明见解。

> 现在很多年轻人不愿担担子，言必称"怎么让我去"。其实，你在说这句话时就已经吃大亏了。隋文帝伐陈，让太子杨勇的弟弟杨广出任元帅，杨广的能力提升很快，并且与军权在握的大臣杨素建立了"深厚的友谊"，为日后的全面接班奠定了基础。李世民更是如此。李渊称帝后，建成以长子身份被立为太子，出征带兵的机会都给了二弟世民。李世民在征战中吸收了多名文武人才，实力大大扩充了，所以才有了历史上的唐太宗。寻求安逸，意味着你放弃了一次成长和学习的机会，一次独当一面的机会，更可能是一次培养领导能力的机会。没有人给你压担子，说明没有人培养你。领导同意你半个月不来上班，说明开除你的时机也成熟了。

演讲者引用的历史典故颇具说服力，也让自己扔在半空的火把晃醒了那些温水中优哉游哉的青蛙。

四、幽默语言的表达技巧

幽默是调节演讲气氛的好佐料，如果演讲的是一个非常沉重或严肃的话题，看到听众开始产生厌烦情绪，不妨插入一些幽默，说一些与主题或观点有关的趣闻趣事，或者与自己有关的一些滑稽小故事，这样有助于使话题变得轻松，也有助于重新吸引听众的注意力。

幽默风趣的结束，是整个演讲幽默的升华，也是演讲者机智的总爆发，能将演讲者徐徐道来的真理印章般打在听众心坎上，使隽永的意蕴久久回荡。使用得当，幽默也可以为演讲增添情趣和趣味，创造和谐的气氛，引导话题，生动地阐明某种做法及证明一个论点。

当然，幽默还可以帮助演讲者从一个话题到另一个话题的过渡。比如，美国诗人、文艺评论家詹姆斯·罗威尔 1883 年担任驻英大使时，在伦敦举行的一次晚宴上发表了一篇名为《餐后演讲》的即席演讲。最后他说：

> 在我很小的时候听人讲过一个故事，讲的是美国一个卫理公会的牧师。他在一个野营的布道会上布道，讲了约书亚的故事。他是这样开头的：信徒们，太阳的运行方式有三种：第一种是向前或者说是径直的运动；第二种是后退或者说是向后的运动；第三种即在我们的经文中提到的静止不动。（笑声）

> 先生们，不知你们是否明白这个故事的寓意，希望你们明白了。今晚的餐后演讲者首先是走径直的方向（起身离座，做示范）即太阳向前的运动。然后他又返回，开始重复自己即太阳向后的运动。最后，凭着良好的方向感，将自己带到终点。这就是我们刚才说过的太阳静止的运动。

这种紧扣话题的传神动作表演，惟妙惟肖，天衣无缝，怎能不赢得现场观众的热烈掌声和欢笑声！

演讲的幽默式结尾方法是不胜枚举，关键是演讲者要具有幽默感，并能在演讲中恰如其分地把握住演讲的气氛和听众的心态，才能使演讲结束语收到余音绕梁、三日不绝的轰动效应。

那么，应该如何在演讲中使用幽默的语言进行表达呢？

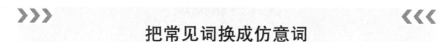

把常见词换成仿意词

演讲的语言要体现出风趣的幽默感，就可以把常见词改成仿意词，如：将"开小差"说成"开大差"；将"公理"说成"婆理"；"铡"掉一个"陈世美"，还有许多"李世美""西世美""东世美"。如此，不仅易懂会意，语言还生动活泼、引人入胜。如何做到这一点呢？

1. 采用富有歧义的词语

虽然语言的歧义容易造成理解的混乱，但从修辞角度来看，汉语一词多义的特性最能满足幽默矛盾性的特性。因此，可以用容易产生矛盾的、故意造成歧义的词语。比如：把"月饼"写成了"日饼"。

2. 把庄词谐用隐含表达

谐用具有隐含表达的语言、言近意远的深意，适可而止的运用会让演讲更深受听众喜欢，能在轻松快乐的氛围里接受。常用名人名言、诗词、成语等谐音，视环境转换灵活运动的婉转效果，会让演讲具有动人的魅力。比如：问：汪师傅三次申请解决住房问题，为什么至今还不解决？答：他每次都是无"礼"要求。

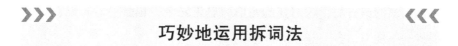

巧妙地运用拆词法

演讲中巧妙运用拆词法，会让原本看上去生涩的语言，更有趣味。比如："有些女孩可爱，可人还要有人爱。"再如："现在的智能手机还要配置高，收录机卡拉还要 OK，而他的家里只有一样带电的，你猜是什么？手电筒。"

这里把"可爱"拆成"可人还要有人爱"，把"卡拉 OK"拆成"卡拉还要 OK"，就显得趣味盎然，生动至极。

演绎逻辑推理

有这样一段演讲：

> 一个骗子先用很简单的骗术骗一个老人，让他买了一大堆东西，然后层层加码。骗了一阵子以后，老人终于发现对方是骗子。这骗子马上和团伙成员升级骗术，于是第二个骗子出现了。他冒充公安人员，说抓住了那个骗子，要老人交五千块钱办案费。老人按要求打出钱后，"公安人员"就找不着了。隔了一段时间，他们又冒充法院人员，说公安和骗子是一伙的。老先生心想，法院总该不会骗人吧，又按要求把五千块钱律师费汇出去，结果可想而知。我估计再来电话就是中纪委的，就会说把法院的人也抓住了，和前面的公安、骗子都是一伙的，就跟串糖葫芦似的。不过，骗子吃了甜蜜蜜，受害者却品尝着苦果。
>
> （节选自：马未都演讲《别和骗子斗智》）

老人一次次被骗，仍然执迷不悟。演讲者在叹息之余，自己通过仿拟原有故事的情节，对其做了更进一步的发展和演化，表达了对受害者怒其不争、哀其不幸的复杂感受。想必，听了马未都老师的这篇顺势推演的演讲后，人们在感谢他的忠告之余，也会反省自己，做事要少一些侥幸，多一些思量和警惕。

五、其他常见语言表达技巧

演讲语言是人们交流思想、表达情感、传递信息的工具，运用得好与坏，会直接影响演讲的社会效果。所以要想提高演讲的质量，就必须研究和掌握演讲的语言特点。那么，演讲的语言有哪些特点？

 内容通俗易懂

演讲的时候，概念要准确，表意要清晰，因为这样，才能真实反映出现实面貌和思想实际，才能为听众所接受，达到宣传、教育、规劝、影响听众的目的。看看下面这段演讲：

你知道为什么一个有经验的园艺家，要把一颗植物的芽枝都剪除的原故吗？

老实告诉你，为要使树木能生长得快，果实结得特别肥大，就非要这样不可。因为一棵的芽枝，是可以分散吸收根部的养料，使它的精力不能集中在树干和果实上。若不是这样做，他在收获上的损失，正不知要超越枝条的损失多少倍。

那些有见识的花匠，也常把花蕾剪除去，只留着一个或两个在枝条上，难道他所剪除的花蕾，他们不会开美丽的花朵吗？不，不是这样的。他们的目的无非想使滋养料，都集中在一二个留下来的蓓蕾上，使将来开放的时候，格外美丽格外娇艳。

我们的生长，又何尝不和花木一样呢？如果我们能集中精力在某一项事业中，那么，这件事业，一定可以获得十分美满的结果。

清晰的语言，是保证信息传输的根本条件，也是演讲语言的首要特征。演讲稿的语言要力求做到通俗易懂。

首先，要用通俗的说法，尊重多数人的语言习惯。

其次，要规范化。演讲语言讲出来要让别人听得懂，这是对演讲语言的基本要求，否则演讲就失去了听众，失去了意义和存在的价值。语言不准确，意思表达得不清楚，话说得不明白，很容易造成听众理解上的困难。所谓规范化的语言就是统一的、普及的，无论在它的书面形式或口头形式上，都具有明确的规范的民族共同语言，对一些外来词语要少用、慎用。

语言贴近大众

1860 年，阿伯拉罕·林肯竞选总统时发表了下面一段风趣的演讲词：

> 有人打电话问我有多少银子，我告诉他们我是一个穷棒子，我有妻子和儿子，他们才是我的无价银子。我租了一间房子，房子里有一张桌子和三把椅子，墙角有一个柜子，柜子里的书值得我读一辈子。我的脸又瘦又长且长满胡子，我不会发福而挺着肚子，我没有什么可以荫庇的伞，唯一可以依靠的是你们。

这段演讲类似于一首百字歌，通俗浅显，生动易懂，使林肯赢得了胜利。

演讲中要多用贴近人们现实的轻松自然、通俗流畅的口语，多选用儿化名词、象声词、叠音词、语气词、民谚、歇后语等。需要注意的是，少用文言词，多用现代词汇；少用方言词，多用通用词汇；少用书面语，多用口语词汇；少用抽象语，多用形象词汇；少用学术语，多用普通词汇；少用连接词，多用动态词汇；少用成语，多用俗语。

>>>   <<<

声音清脆优美

  演讲语言常见的毛病有：声音痉挛颤抖，飘忽不定；大声喊叫，音量过高；音节含糊，夹杂明显的气息声；声音忽高忽低，音响失度；朗诵腔调，生硬呆板……所有这些，都会影响听众对演讲内容的理解。演讲是线性的，不间断进行的，话一出口，当即就应被人听懂，时间差不允许听众有反复斟酌思考的余地。听众只要稍微停顿，间断思维的序列就会跟不上演讲的速度。

  郭沫若说："语言除了意义外，应该要追求它的色彩、声调、感触。同义的语言或字面有明暗、硬软、响亮与沉郁的区别。"以声音为主要物质手段的演讲，对语音的要求就更高，既要准确地表达出丰富多彩的思想感情，又要悦耳爽心，清亮优美。为此，演讲者必须认真对语音进行研究，努力使自己的声音达到最佳状态。

>>>   <<<

问答清晰准确

  即使没有出现常见的发声问题，也很少把每个词的每个音节清晰地发出来。一句话"吃吗"可能只有站在旁边的朋友才会明白它的意思是"吃饭了吗"。因为他知道这句话的语境。演讲时，听众距离发言人较远，或者有噪声，可能会让很多内容听不清楚。所以，演讲者一定要养成吐字清楚、干脆利落的习惯。发音时舌、齿、唇动作要协调；不要省略后鼻音，不要嘟囔，拖词。

>>>   <<<

语调抑扬顿挫

  演讲，特别是以鼓动为目的的演讲，除了要求内容丰富新颖、思想深邃外，还要能以情感人。而口语传情的主要手段就是驾驭自己的语调，使之富于变化。语调的变化，主要反映在"四要素"上，即：速度、重音、升降、停顿。

1. 速度

速度是演讲成败的重要因素。从内容上说，抒情的地方应该讲得慢一些，不然，演讲者细微的心理变化，意在言外的境界，就难以给人留下清晰、深刻的印象；人物对话、情调低沉的叙述，也应该讲慢一些；反之，急切的呼语、热烈的争辩、愤怒的指责、慷慨的陈述、紧张的场面又应该讲得快一些，才能反映出事物的本来面貌，创造出应有的气氛，并能和听众的感情得到交流。

2. 重音

重音就是根据表情达意的需要，有意把某个词语加大音量，讲得重些。如果要强调什么，就可以使用重音。

3. 升降

语调的升降就是人们讲话时声音的高低抑扬。演讲者中，喜怒哀乐、惊愁悲急等情感可以通过声音的升降抑扬变化体现出来。

》》》 节奏跌宕起伏 《《《

演讲的节奏能激起千百万听众情感的波澜。演讲者的思想感情起伏变化，演讲内容结构的疏密有致，语调的轻重缓急以及演讲者的举止等要素，有秩序、有规律、有节拍的组合，便形成了演讲的节奏。

跌宕起伏的节奏，清晰响亮的语音，是成功演讲必须具备的特点。初次上场的演讲者容易犯的错误是速度太快，像放鞭炮似的噼里啪啦，一个调子，一个速度。他们提醒自己"慢慢慢"后，又趋于慢得平坦，慢得没变化。

初次上场的演讲者，演讲的进行一定要灵活控制，有快有慢。

就听众对象来说：年轻听众一般都精力充沛，反应灵敏，他们的思维和举止很敏捷，可以快一点；小朋友、老人家接受迟缓，反应不快，可以将音节的时值拉长，语流中间停顿可久点，停顿的次数可多些。

就内容感情来说：讲述热情、紧急、赞美、愤怒、兴奋等内容时，不能以"毋庸赘言"代替；叙述那种无法控制的感情，即表示激动的态度时，叙述进入精彩高潮时可以速度快点。

六、不可不知的演讲艺术技巧

在南开大学演讲时，李肇星讲起了"礼仪"：

我刚进入外交部时，入部教育的第一课是学吃饭。一开始，我还有些纳闷："吃饭还要学？"上了课才知道，吃饭是有大学问的：一、在外交场合，吃饭不能出声。二、参加外交宴请，主人给你的东西要吃完，否则会显得很没教养，对主人不礼貌，对粮食不爱惜，对厨师的劳动不尊重。三、喝酒不能超过平时的1/3，也不要强劝别人多喝；自己不会喝就别喝，可以象征性举举杯。

法国人一向以讲究礼仪著称。一次，法国总统宴请中非帝国皇帝博卡萨，服务员上了一道名菜——法国蜗牛，博卡萨拿起蜗牛就放进嘴里嚼，差点儿把牙崩掉。总统一看客人吃法不对，为了不让客人难堪，也像客人一样把蜗牛咬了咬吐了出来，其他人也像什么事没发生一样，跟着总统这么吃起来。谈兴正浓时，博卡萨说着说着将身子偏向总统一边，不留神把总统的菜当作自己的吃了。总统便使了个眼色，其他人都跟着他把身子往左偏一偏，吃旁边一个人的菜。结果，宴会顺利进行，皇帝大悦。高端的礼宾水平上面是高端的政治水平。

"不学礼，无以立。"李肇星通过"入部教育第一课"和"法国礼宾"的生动趣闻，不仅说明了礼仪的重要性和必要性，而且强调了礼宾的真正意义和实质在于"对人的尊重"。听了这段演讲，令人见识大增，深受震撼，从而不由得感召人们学礼知礼，践行礼仪。

李肇星无疑就是这样伟大的演讲家。他的演讲以理说事，以事寓理，质朴纯真。

演讲是一门艺术，更是一门技巧性较强的知识，只要掌握了演讲技巧艺术，每个人都可以成为优秀的演讲家。

确立风格

培养自己的演讲风格，使其独树一帜，对你的演讲会起到意想不到的效果。

演讲，具有自己的风格，才容易吸引别人，并产生应有的魅力。同样，如果想成为演讲高手，演讲风格就必须有某种独特的地方，以便引起人们的注意，或使人们容易记住你。

虽然可以利用自己的长相，或身体某种特殊之处，来引起别人注意，但这也只是暂时的，只能帮你引起听众的注意，而不能真正吸引他们。除非你有伟大人物的那种超凡的魅力，否则必须培养自己演讲的风格，这才是让别人信服和不忘的最好方法。

态度诚挚

演讲的最大特点在于"助兴"。所谓"助兴"，就是指讲话者在环境、对象、内容的感召下，有一种强烈的表达欲望。这种欲望产生于讲话之前，贯穿于讲话的全过程中，首先应当体现在演讲者的态度诚挚上。

诚挚的态度能够直接影响听众的情绪，关系到听众对讲话内容的接受程度。诚挚、热情、坦率的讲话能够吸引听众，能够缩短讲话者与听众之间的距离，使听众始终为讲话者的诚恳坦直所打动，大大增强讲话的实效。

邢台地震的第二天，周恩来总理赶赴灾区看望受灾的群众。看到数千名群众迎风坐着等他讲话，当即对县委书记说："风沙这么大，怎么让老乡们朝着风坐呀？你说，一个人跟几千群众相比，哪一方面更应该照顾？"接着又用深沉的语调说："我是作为国家总理来看望受灾群众的，但我是一个共产党员，你想想，共产党人哪有让群众吃苦在前而自己吃苦在后的道理呢？"

周总理亲自指挥群众朝南坐下，自己绕过去，站在一个木箱上，迎着漫天风，向群众讲话。当总理号召灾区人民"自力更生，奋发图强，发展生产，重建家园"时，群众激动得热泪盈眶，总理讲一句，大家齐声响应一句。当总理讲到"一方有难，八方支援，等你们恢复了生产，重建了家园，我再来看望你们"时，几千名群众一齐站了起来，口号声此起彼伏，连成一片。

周总理不愧为卓越的政治家、宣传家，他讲话的魅力就在于他善于把共产党关心人民疾苦的诚挚感情注入自己的演讲中。这样的演讲当然能够富于感染力，能够深深地打动灾区群众的心，使群众精神振奋地投入重建家园的工作中。

>>> **用语生动** <<<

演讲，应力求生动活泼，以增强临场气氛，因此完全可以用听众比较熟悉的特定的地点、特定的节目，或有某种象征意义、纪念意义的实物等来设喻，把抽象的道理说得生动形象，增强讲话的通俗性和说服力，使人听起来亲切动情。

世界著名科学家爱因斯坦的相对论在《物理学年鉴》发表后，

引起整个世界的轰动。有一次他应邀到一所大学去演讲。有人问他什么是相对论。他解释说："假如让你坐在一个漂亮姑娘的身旁，即使坐上几个小时，但你觉得像是片刻；反之，如果让你坐在热火炉上，即使是片刻，你也会觉得像几个小时，这就是相对论的意义。"

以具体事物作喻体来说明抽象事物，许多人都懂都会用，但用得好，却并不容易。爱因斯坦用火炉说明相对论的喻体选得非常精彩，热火炉与漂亮姑娘这两个喻体不仅具体，而且形象，便于说明一个抽象理论，更便于听者展开思维联想而领悟相对论的精髓。而且，这样的喻体与相对论严肃深奥的科学理论放在一起，还形成了一种幽默感，使听者在一种愉快轻松的心态中接受了一个现代观念。

入情入理

演讲的效果如何，不仅要看能否准确地表达，更重要的是要看听众能否理解和接受。所以，演讲时一定要考虑到听众的心理需要，了解听众的特点，说出听众急切想听到的内容，这样才能使讲话受到欢迎，才能使听众易于理解，肯于接受你的观点。另外，把话讲到听众的心坎上，必然大大促进双方的心理交流，使听众信服。比如：

2009年12月21日，"福布斯富人榜"上创业最早的企业家、著名慈善家、福耀玻璃集团董事长曹德旺做客人民网，与广大网友聊关于创业的问题。最近人家送了一本《康熙大帝》，康熙大帝的成功是因为他非常好学，给他总结是：少年好学，青年奋学，成年博学，晚年通学。这就是康熙大帝，一个成功皇帝的帝业就是这样建的。

结尾利落

如能有个好的开头、好的内容，再有一个好的结尾，就可以达到很好的表达效果了。结尾时，要有力度，不冗长拖沓，不画蛇添足，而要在言不必尽或达到高潮时戛然而止，给听众以深刻的印象，留有回味的余地。

美国的莱特兄弟在成功地驾驶动力飞机上蓝天后，人们在法国的一次欢迎酒会上再三邀请哥哥威尔伯讲话，他即兴讲道："据我们所知，鸟类中会说话的只有鹦鹉，而鹦鹉是飞不高的。"这一句深含哲理的即兴演讲，博得了与会者长时间的鼓掌，至今还一直为世人所称道。

演讲的结尾方法很多，前面已有介绍，这类不再赘述。

第七章　随机应变，巧言妙语扭转气氛

一、冷场了怎么应对？

演讲的冷场分为两种情况：一种是单向交流中，听众一点兴趣都没有，注意力分散；另一种是双向交流中，听众一点反应都没有，或者仅以简单的单音字节应付。这种场面的出现，根本原因就在于演讲者的话没有吸引力，听者仅仅是出于纪律的约束或处世的礼貌而扮演一个接受的角色。所以说，冷场的出现，是演讲者的失败。

实际经验表明，为了避免冷场的发生，演讲中应掌握以下方法：

 ## 发言简短一些

有一次，朋友送了柏拉图一把精致的椅子作为礼物，以表示对他的肯定。几天以后，一群人到柏拉图的家里做客，看到了那把漂亮的椅子并问明来处之后，其中一个人突然跳上了那把椅子，疯狂地乱踩乱跳。并一边嚷着："这把椅子代表着柏拉图心中的骄傲与虚荣，我要把他的虚荣给踩烂!"

众人，包括柏拉图在内都吓了一跳。只见柏拉图不疾不徐地回房里拿出了块抹布，温和地把被踩得脏兮兮的椅子擦拭干净，并请那位激动踩椅的朋友坐下，诙谐但具深意地说："谢谢您帮我踩掉心中的虚荣，现在我也帮您擦去心中的嫉妒，您现在可以心平气和地坐下和大家喝茶、聊天了吗?"

实践经验表明，单向交流中那种应景式讲话，越短越好;而在双向交流中，任何一方都不要滔滔不绝地包场，要有意识地给对方留下发言的时间和机会。自己一轮讲不完，应待对方有所反应后再讲。

>>> <<<
穿插一些趣闻轶事

所谓变换话题，就是在演讲中遭遇冷场时，可以通过暂时变换话题的办法吸引听众的注意力。比如，穿插趣闻轶事，活跃现场气氛。趣闻轶事是人们在生活中津津乐道的闲谈资料，生活中的许多情趣即由此而来。抓住人们渴望趣味的视听倾向，恰当而又适时地讲述一些趣闻轶事，会使混乱或呆板的演讲现场马上活跃起来，听众的注意力也被迅速地集中到演讲内容上。之后，再回到原有话题的轨道，效果就理想得多了。

如果是双向交流，话题的变换就是不定的，需要根据现场情况随时进行。比如，

当年孙中山先生在广州广东大学发表演讲，礼堂小，人多，通风不够，空气不好，一些人精神较差，显得比较疲倦。为了提起听众的精神，改善一下场内的气氛，孙中山就巧妙地讲了一个故事:

我小时候在香港读书，一次看到有个搬运工人买了一张马票，因为没有地方可藏，便藏在时刻不离手的竹竿（挑东西用的粗竹

杠）里，牢记马票的号码。后来马票开奖了，中头奖的正是他，他便欣喜若狂地把竹竿抛到大海里去。他以为从今以后就不再靠这支竹竿生活了。直到问及领奖手续，知道要凭票到指定银行取款，这才想起马票放在竹竿里，便拼命跑到海边去，可是连竹竿影子也没有了。

讲完这个故事，听众当中议论纷纷，笑声、叹息声四起，结果会场的气氛活跃了，听众的精神振奋了。

孙中山先生抓住时机，紧接着说，对于我们大家来说，民族主义这根竹杠，千万不要丢啊！很自然地又回到了原有话题的轨道上。

适时地赞美听众

听众发现演讲内容与自己的关系不大，自然不会给予太多的关注，在这种情况下，就容易出现冷场。此时，演讲者应当注意采用恰当的方式，拉近与听众的心理距离。

贴近听众的一个有效方法就是发自内心地赞美听众，用中情中理的话语拨动听众的心弦，激起他们的共鸣，使他们重又对演讲产生浓厚的兴趣，从而打破冷场的尴尬局面。比如，为了打破冷场局面，可以用现场中具有代表性的某一类人为话题，进行赞美，近而产生听众的共鸣，从而达到活跃现场的目的。

调动听众的参与热情

演讲者在以自己的演讲辞和形象的语言来感染听众的同时，听众的积极回应也有利于推动演讲的顺利进行。因此，在需要的时候演讲者向听众提出富有针对性和启发性的问题，以此来调动听众参与演讲活动的热情，使他们意识到，自己也是整个演讲的一个重要组成部分，有效地避免冷场和打破冷场。

　　一位领导正在面向群众进行普法意义的演讲，由于话题具有一定的专业性，听众的注意力出现了分散，不少人开始交头接耳起来。这时，这位领导及时提出了这样一个话题："请开小差的同志们想想，如果我们自己的权益受到了侵害，又将怎样来寻求法律的帮助呢？"这样一来，交头接耳的听众便重新集中了注意力。

▶▶▶　制造悬念，活跃现场　◀◀◀

　　好的悬念不仅能够使演讲者再度成为听众注目的中心，还能活跃现场气氛，激发听众聆听与参与的兴趣。因此，在演讲中制造悬念，可以有效地吸引听众的注意力，使演讲内含的信息和情感得以准确传达。如果演讲者能在出现冷场的情况下，适时地制造一两个悬念，确实是重新吸引听众注意力的非常有效的办法。

　　当然，演讲者在遇到冷场的局面时，已经采取了诸如简短发言、变换话题、加强语气等控制手段，但仍然不能扭转冷场的局面时，就要立刻中止。因为，长时间的冷场对双方来说，都是极不适宜的，也说明了这次演讲确实是多余的。

二、逆反心理如何化解？

　　听众中难免有恶意的刁难者，故意提出一些带歧视、轻视、敌视性的问题。对待这些刁难者，演讲者不能像对待善意的质疑者那样，要不客气地给予回击，可以采用反唇相讥的策略。

　　有位演讲家在演讲结束时，台下一名学生突然连珠炮似地向他发问：

学生：先生，您今天是第一次演讲失败吗？

演讲家：当然是第一次啦。噢，你们学生怎么总爱问这个问题？

学生：演讲时，您觉得什么样的字音最容易说错？

演讲家：错。

学生：您演讲开始时，从来不说的是什么？

演讲家：结尾。

回答了学生的问题后，演讲家也来个出其不意，反戈一击：我方才讲的冷缩热胀的道理你懂了吗？

学生：懂了，先生。冬天白天短——冷缩；夏天白天长——热胀。

这时，台下出现了哄堂大笑，这位发问的学生才知道说错和失败的是自己，不禁羞红了脸。

在演讲过程中，总会遇到这样的听众，因为存在逆反的心理，所以在演讲过程中，总是百般刁难、蓄意挑衅、故意起哄甚至无理指责。在这种情况下，优秀的演讲者都会采取最佳的应对方法，应对他们的逆反心理。

幽默对答

应对听众的逆反，可以有幽默的方式，让人一笑。

在一次演讲中，达尔文刚说出题目，一位年轻貌美的女士就站起来，带着戏谑的口吻问道："听说您断言，人类是由猴子变来的？"

达尔文回答说："是的。"

这位美女继续说："那么，我也属于您的论断之列吗？"

达尔文彬彬有礼地答道："当然！不过，您不是由普通猴子变来的，而是由长得非常迷人的猴子变来的。"

达尔文幽默风趣的回答博得全场一片笑声。

故意曲解

土司强迫全寨的穷人给他栽秧，还特意交代不准在田边休息。土司家的田离寨子都很远，大家将秧子挑到田边，已累得汗淋淋的了。

阿一旦见穷人们都不敢休息，就说："伙计们，大家累得上气不接下气的，现在跟我回土司家去休息。"大家回到土司家里，土司吼道："早饭还没熟，你们就回来了，你们栽了多少秧了？"阿一旦答道："一箩还没栽哩。""那你们回来干什么？"土司追问道。

阿一旦说："你说'不准在田边休息'对吗？我们天未亮就起来给你扯秧，你早饭不给大家吃一口，马上叫我们捆起秧子就挑到十多里远的田里去，一个个累得冷汗直流，脚杆打闪，不休息一会，怎么有力气栽秧？你说，不准在田边休息，野外处处都是田，我们找不到休息的地方，不就只好回来休息？这还不是按你的话办？"

土司被阿一旦一顿抢白，说不出话来。

土司对待穷人很苛刻，不许人们在干活的时候休息片刻。阿一旦不甘心受此剥削，于是他灵机一动想了个歪招，有意把土司所说的"不准在田边休息"理解成"可以在田边以外的地方休息"，从而为大伙出了口气。论辩中，当对方待人苛刻时，我们可以抓住对方说话的漏洞，采用有意曲解的方式以毒攻毒，通过以外邪攻克内苛，使对方无法反驳。

沉着镇定

演讲过程中，有时会出现有人故意起哄、扰乱会场的情况。这时，演讲者应该沉着镇定，机智灵活，在不同的条件下，采取不同的方式，予以回击。

列宁在米赫利松工厂发表演讲期间，有个歹徒递上一张纸条。列宁审视片刻，高声向听众宣读："同志们，我收到了一张纸条，请大家听一听，上面写了些什么：'你们的政权反正是维持不住的，你们的皮将被我们剥下来做鼓面！'群情激昂。

接着列宁又说："请安静，同志们，我看这张纸条绝不是工人的手写的。恐怕写这张纸条的人，未必有胆量敢站到这儿来！同志们，我想他是不敢站出来的！同志们，须加上三倍的警惕、小心和忍耐。你们要坚守岗位！对于人民认为是罪大恶极的叛徒，必须无情地加以消灭！不镇压剥削者的反抗，革命就不能胜利！"

≫≫ 适当自嘲 ≪≪

2013 年 12 月 6 日，《成语英雄》节目现场来了祖孙两个选手。外公曾毕业哈尔滨工业大学，比赛过程是孙女画画，外公猜。

第一个成语，孙女画了两只鸟，外公怎么也猜不对，崔永元提示道："像我这样的人，要考哈工大，我该怎么办？""笨鸟先飞！"老先生一下子答对了，现场是一片笑声和掌声。

第二个成语，老先生又卡住了，崔永元再次提示到："像我这样的人，考上了哈工大。""石破惊天！"老先生再一次答对，现场的笑声和掌声更响了。

第三个成语"破镜重圆"，崔永元提示道："像我这样的人，考上了哈工大，被开除了，又复学了。"

……

答题结束，钱文忠先生说："你用自虐的方式提示了老先生，老先生答对了，说明你不是真正的笨鸟。我对这个成语有看法，笨鸟先飞就行了吗？笨鸟，他笨啊，他向相反的方向飞去怎么办？"崔永元答道："那就飞到广播学院去了。"现场响起热烈的掌声。

崔永元用自虐的方式为老人家提示，体现了他一贯的"崔氏幽默"，而他的提示又仿佛一个故事，始终贯穿着哈工大和笨鸟这两个词，这番提示也因此为人们津津乐道、拍手称妙。

以谬制谬

道光年间，一次，大臣奕经头痛，他找来下属隆文说："梦中神仙告诉我，我的头痛，要喝神水才会好。现在我请你去为我找到水神。办好这件事，我就提拔你；否则，就乖乖给我做苦工去。"

三天过后，隆文跑来对奕经说："大人，我找了三天才在森林里找到水神。水神说：'给神水就是，这是神应该做的事。但是，神水不能让你拿去，赶快回去告诉奕经，叫他家的神来拿。'大人，请您快叫您家的神来，让我领着他去找水神吧！"奕经红着脸，一动不动地坐着。隆文又说："大人，对神，是不能开玩笑的。请您快点叫您家的神来，跟我去拿，不然，水神会怪罪您的。"一席话，说得奕经更加尴尬。

奕经让隆文去向水神要神水，为自己治病，这可给隆文起了个大大的难题。对此，隆文套用对方的谬论，提出只能由对方的神出面，才可能得到神水，从而将对方纳入彀中，自己全身而退。论辩中，当对方以荒诞之事相难时，我们可以拿套用条件说话，在以谬制谬中使其哑巴吃黄连。

三、卡壳、忘词怎么办？

>>> **忘词怎么办？** <<<

在具体的演讲中，忘词，这种现象最为普遍，很多演讲者多会出现忘词。放开稿子，思维被打断，不知道下面该讲什么，甚至不知道自己在说什么。乍遇到这种情况，演讲者都会惊慌不已，甚至垂头丧气，退场休息，给自信心带来重大打击。

朱丹刚开始去高校做演讲时，有一次上台，鞠躬，开篇："各位……学校的同学，大家晚上好！"现场掌声十分热烈，但是她突然间大脑一片空白，什么都记不起来了。朱丹采取了过渡句的方法，接着说："今天看到各位同学，心里有点激动，让我想起了自己大学的故事，我想再次借用大家的双手为我激动的心情来一次鼓励的掌声。"通过一个过渡句，朱丹为自己赢得时间，又活跃了场上的气氛，也没那么紧张了，之后的内容立刻想起来。

面对成百上千的听众，紧张是在所难免的，尤其是初次登台的新手，一看到台下的听众就开始冒汗，说起话来声音发颤，讲着讲着，就把下面的一词给忘了，感觉词好像就在嘴边上，却说什么也想不起来。因此，对于这种变故，不能太急，更不能有抓耳挠腮等有损风度的小动作，这个时候，更应该面带微笑，放松下来，或低头整理一下资料，或停下来询问听众是否能够听清楚你的声音，或找出一个问题和听众互动。

如果在讲完一个问题之前已经提前意识到自己要卡壳，就可以有意地放慢语速，插入一些其他话题或灵机一动干脆另起炉灶，另择词汇，重新组织思维，然后顺着新思路把它接下去，直到记起下面的词来。

如果短时间内无法获得一个完整的新思路，宁可将这个问题说完整、要点清晰、见好就收，也不要拖拖拉拉、越紧张越忘词。当然，这需要很高的应变本事，尤其是能接得天衣无缝的人，并不是很多，多数演讲者临时现"编"的词，听众都会听出来的，但这总比呆呆地愣在台上要好许多。

如果有演讲笔记或大纲，可以自然地看一下大纲，然后继续演讲。但是千万不要半个身子趴在桌子上去看或者明显地低下头去看，只要偏移一下视线即可。如果没有，可以对前面的内容进行总结，并在此基础上提炼出下面你所要说的话。

一般来说，演讲中会忘词的部分通常是发生在上下两点之间，如，讲完第一点之后忘了该怎么接下去说第二点。这时，你就可以回顾、总结一下第一点的内容。如果这样还不奏效，就可以撇开演讲稿，从演讲的主题或中心词引申开去，即使后面讲不好，也比站在台上面红耳赤的强。

必要的时候，如果听众手中有你分发的资料，就可以大方地让听众给你提供帮助，如"我讲得太投入了，因为这一点非常重要，以至于我都忘记刚才说到哪里了，我说到哪了呢？"一般来说，听众都是很善良的，只要演讲真的够精彩，他们是愿意配合你并大方地提醒你的。

总之，千万不要长时间沉默，可以有一瞬间或几秒钟的沉默，但你长时间的沉默会让你更紧张、更焦虑，让听众也替你焦虑、不耐烦。

卡壳怎么办？

"卡壳"是讲话中很常见的问题，尤其是站在大众面前，看到台下那么多双眼睛盯着自己，就控制不住地紧张起来，一紧张就容易卡壳。即使是优秀的演讲者，也难免出现这样的尴尬，所以应掌握一些应对这些方面问题的技巧。

卡腾·波恩是美国资深新闻评论家，在哈佛大学上学的时候，他参加过学校组织的一次演讲比赛。他为这次演讲认真地做了准备，精选了一篇不错的短篇故事，最后还逐字逐句地将演讲稿背了下来，反复预讲了很多次。本以为已经万无一失，但没想到比赛当天还是出了问题！

卡腾·波恩走上讲台，刚说出"先生们，国王"就卡壳了。完全想不起来下面该说些什么，他站在那里，冷汗一下渗了出来。他差点傻掉，在左思右想都毫无头绪的情况下，只好按照自己的记忆用自己的话将那个故事讲了一遍。说到动情处，他还手舞足蹈起来。结果，这次演讲取得了空前的成功。

由此可见，忘词不要紧，只要灵活应变，自然地将影响继续下去就行。

之所以会出现"卡壳"，主要原因还是缺乏自信心、准备不够足、对观众和环境不熟悉、不太适应。要想解决掉这个问题，就可以按照下面的方法进行：

1. 随后找回思路

演讲的过程中，如果脑子对此刻讲的内容突然一片空白，可以直接跳到后面的问题继续讲。讲其他问题的过程中逐渐回忆起了之前忘记的内容，只要再补充一下就可以了，可以用"另外，还要补充的一点是……"这样的句式来进行补充。

2. 说一句"你懂的"

在演讲中，有时会碰到一些专业词汇，演讲者一时语塞，突然就想不起这个术语是什么了。这时，演讲者可以停下来，幽默地说上一句"你懂的"，既能化解了尴尬，还可能增加自己的幽默感。而且，这样表述也不太会影响听众对演讲者观点的理解。

3. 重复前一个问题

如果演讲有着较为紧密的逻辑关系，一环扣一环，不能直接省略忘记的内容，不妨试着重复一下前一个问题。比如："我简单地总结一下刚刚讲的内容""我要着重强调一下刚才讲的内容"，然后用不同的表达方式将前一个内容再说一遍，并试着边说边回忆忘记的内容。

4. 利用互动争取时间

利用与听众的互动来争取时间，是一个很好的办法，可以向听众提问，比如："大家现在有什么问题吗""你对此有什么想法呢""这里很重要，大家可以做一下笔记"。也可以与观众进行交流，可能在讨论和交流的过程中，某些听众的观点正好提示了你。

5. 省略部分想法

听众一般都不会知道你漏了一点，因为他们不会看到你的底稿。所以，干脆放弃这一段，没有关系。有舍才有得，有时放不下，越是拼命地想把忘记的内容想起来，越是想不起来。人的大脑"短路"时，智商真的会显得很低，没关系，干脆放弃这一段。

6. 回头再说

可以说"我们一会儿再回到这个话题"，接着再补充一下"如果时间允许的话"。这样，就可以掩盖自己的疏漏。如果之后实在是想不起来，没准听众也忘了。而且到最后，肯定也不会有太多的时间。

7. 用套话侃侃而谈

这只是夸夸其谈并无实质的内容，只有遇到紧急情况的时候，才能将它作为最后的救命稻草。谁也不会注意。当你讲不下去的时候，可以用一些空话、套话来填补空白——不断释放词汇，直到你找回思路为止。不管怎样，这都比冷场要强。

8. 先总结一下

这是相当高明的技巧："让我们先回顾一下我们所讲的内容，到目前为止，我们了解了……"在总结过程中，往往会把忘记的内容想起来。

四、遇到反对意见怎么办?

演讲中，不可避免地会遇到反对意见，如何应对这种情况呢?

先认同后提意见

如果听众向你提出了反对意见，不要总是下意识地就去狡辩。这是任何演讲者都无法避免的问题，但是在演讲过程中却不能这么做，否则会激起听众的争胜心，演讲目的就无法达到了。

在演讲中，针对听众提出的反对意见，首先要做的是认同，认同听众的观点;然后再提出自己的观点，这样才能让对方接受。比如:"我同意，但是……""我赞成你的观点，不过……"……这些用语就是先认同，后提出意见。

马云凭借一手缔造的电商帝国，当之无愧地成为了互联网业的翘楚。一次接受记者采访，有记者发出了提问:"据我所知，早在几年前的亚洲互联网大会上，有数据显示易趣网与您在一场大的竞争中只差了一点。我们是不是可以这样理解，如果时运恰当，说不定您现在就已经被取而代之了呢?"面对如此尖锐的提问，全场顿时安静下来。马云笑了笑，不慌不忙地说:"考试中，学神考了100分，学霸考了98分，你认为他们的差距是多少?"马云顿了顿，环视全场后继续说:"是两分吗? 不，他们的差距绝不仅仅是两分。学霸的98分是他本身的实力只有这么多，而学神的100分是因为试卷只有100分。所以他们的比较其实是在试卷之外，而现在相信你也已经看到最终的结果了。"

马云说完，全场顿时爆发出了热烈的掌声。

很显然，记者搬出几年前的数据意在向马云发起挑战，他试图用"只差一点"的数据来证明其它公司也有与马云不相上下的实力，一句"时运恰当"暗指马云的成功靠的只是运气和机遇，如果他人也有这样的时运，说不定就可以取代马云。聪明的马云却并没有直接反驳记者的问题，而是顾左右而言他，以学神和学霸的考试分数为例，用98分和100分的差距来暗指其它公司和自己公司的差距，无声地回击了记者"只差一点"的说法。而最后一句"比较在试卷之外，看到最后的结果"则巧妙地表明是自己用实力赢得了最后的胜利。可谓生动精彩，并且不着痕迹。

》》》 适当提出一些问题 《《《

当听众提出意见的时候，可以适当提出反问，引导听众接受自己的观点。运用好反问式演讲技巧，让听众接受你的观点、认同你，也就变得更加容易了。

美国南北战争前夕，林肯坚决主张要废除黑奴制度，遭到了大种植园主们的极大反对，在屡次劝说林肯失败后，种植园主们开始变着各种法子攻击林肯，试图从心理上瓦解他，让他不得不选择放弃。可让他们没想到的是，林肯居然丝毫不为所动。

一次，有一位拿了种植园主好处的记者，前来采访林肯，"南方种植园在外面打了很多条辱骂和攻击您的条幅，请问您看过有何感想?"这位记者的用意很明显——故意提醒林肯有人对他不满，借机激怒他，好找到他的心理弱点，为种植园主的下一次攻击行动提供线索。

"真的吗?"林肯听后，故意显得很惊讶地问道。

记者一听，暗暗高兴，觉得有戏了，"百分之百是真的，全国人都知道这件事，就连三岁大的孩子也不例外!"

"哦，那是太可怕了，幸运的是，我为解放黑人同胞事业忙得昏天黑地，根本没有一丁点多余的空闲时间去看这些条幅！"林肯露出失落的表情，继续说道，"拜托您转告他们，下次再挂那些条幅时，请务必单独送份到我的办公室。我保证，等我完成了解放黑奴的事业，变得无事可做后一定会抽空去！"

林肯的这番看似答非所问的精彩回答，不仅让攻击他的人难堪不已，瞬间泄了气，而且强烈地传递出自己坚决要解放黑奴的勇气和决心。

≫≫≫ 给听众说明理由 ≪≪≪

有时候听众会提出一些很直接的问题，如价格太贵！这时就可以将问题细分，比如：把价格细分到年、月、日，通过比较，也就感觉不出价格的贵贱了。在演讲中，还会遇到各种各样的问题，如果还有其他咨询，可以在留言区写下"我会一一回复"。

财主过生日，通知穷人送寿礼。巴拉根仓家穷，可他爹怕财主找麻烦，就让儿子把老母鸡拿去换酒当寿礼。巴拉根仓一盘算，用酒葫芦盛满水，在葫芦颈口处塞截木头，用蜡油封住，再倒一小杯酒在上面做样子。送过寿礼，别的穷人都走了，巴拉根仓吆喝着让摆寿酒。财主怕失面子，只好端一杯酒和一只鸡蛋放桌上说："美美地吃吧，这是未来的老母鸡。"等过酒礼时，财主才发现上了当。不久，巴拉根仓的爹满60岁，乡亲们都来祝贺，财主空着手也来喝寿酒。巴拉根仓端出大碗冷水和一根竹扁担放在桌上说："这是过去的鲜笋子，请大爷美美地吃吧。"财主一下子怔在那里。

在自己的生日宴席上，财主用一只鸡蛋招待巴拉根仓，声称这是只未来的母鸡，用荒谬之言来掩盖自己的小气。于是，在父亲的寿宴上，巴拉根仓把财主当初的意思反过来讲，用竹扁担招待对方，声明这是过去的鲜笋，同样是用荒谬之言反驳了对方当初的小气。论辩中，当对方出手小气并用荒谬、无稽之言来忽悠时，我们可以采用反向引申的方式以毒攻毒，通过以荒谬攻克荒谬，让对方自食其果。

》》》　尊重听众，征服对方　《《《

尊重听众是征服听众的一个前提条件。在听众面前，无论是有意还是无意，只顾显示自己，必然会遭到听众的反感，而受到冷遇。

美国缅因州所选出的议会议员艾德是·S·马斯基，当他在美国法律协会演讲时，就曾采用了低姿态的技巧：

"今天早晨，当我得知被要求演讲时，真是惶惑不已，惴惴不安。这是什么原因呢？第一，因为我知道在座的各位，都具有法律专业知识，在行家面前班门弄斧，不知道该怎样谈这个问题才好。第二，在这样的早餐会上讲话，我无法充分准备，说错什么话会使我难堪。第三个原因，就是演讲主题尚未确定。我想和各位讨论的，是作为一个人民公仆，到底对人民有什么影响力的问题。既然我从事政治活动，那么人民中间自然对我有两种不同的对立意见。而面临着这种困惑，我像迷途羔羊，不知该从何说起。"

站在听众面前发表演讲时，你就像陈列在橱窗中的商品一样，自己的人格层面都会被一览无余地呈现在别人面前，而且是一种毫无自知的流露。只要怀有一丝一毫的骄傲之心，就会带来无法收拾的后果。因此，决不能妄自尊大，应谦虚谨慎地向听众表示你的诚意。这样，听众才不会小看你，相反还会认为你是一位诚实坦白、值得信赖之人，演讲就能在一种融洽的氛围中进行并取得成功。

五、失言、口误后怎么补救？

在演讲中，演讲者的每句话都会传到观众耳中，说出的话，就像泼出去的水，收不回来，泼出去的水能够蒸发，说出的话也能纠正过来。

万一在演讲中说错了话，不要紧，可以应用重复纠正的方式来缓解口误带来的影响，在合理的时机加重语气讲述自己所说错误的那句话，如张冠李戴，记错了年份、人名、地名等；也可以临场发挥出色的，借题发挥，巧妙化解，自圆其说，或者将错就错，作为反面教材等。

著名相声演员马季有一次到湖北黄石市演出。在他表演前，有位演员错把"黄石市"说成了"黄石县"，引起了观众的哄笑。到马季登台表演时，他张口就说："今天，我们有幸来到黄石省演出……"这回听众不笑了，而是窃窃私语，怎么回事，连你也错吗？这时，马季解释道："方才，我们的一位演员把黄石市说成县，降了一级。我在这里当然要说成省，给提上一级。这样一降一提，哈！就平啦！"几句话博得全场观众热烈的掌声和笑声。马季机智巧妙地圆了场，使演出得以顺利进行。

演讲时如果出现遗漏或念错词、讲错话的失误，演讲者最好能够悄悄改过，不露痕迹。比如，发现自己漏讲了某一点、某一段，可以随后补上，不必声张；念错某个字词，或讲错某句话，也可以及时纠正，或在第二次出现时纠正。万一听众发现了你的错误，也不要紧，演讲者不妨将错就错，自圆其说。

出现类似失误，演讲者完全可以借鉴这种补救的做法。例如，演讲时，有人想用一段诗作为开场白："浓浓的酒，醇醇的……"但一上台就念成了酒——将浓浓的漏掉了。他灵机一动，将错就错，干脆将诗改成："酒——浓浓的、醇醇的……"对他的妙改，听众报以热烈的掌声。

相信不少演讲者都有过这样的经历，已经做足了演讲的准备，但是在演讲时还是因为各种原因出现了口误，让自己陷入尴尬的境地。此时，该如何是好？

所谓口误，顾名思义，指的就是说了不恰当的话。那么，为什么会出现口误呢？原因有很多，比如演讲者紧张或者态度轻率、知识贫乏等。在具体的演讲实践中，只要头脑清醒、观察敏锐、判断正确、处理及时和方法灵活，演讲者就可以成功地从口误的窘境中摆脱出来。

自　嘲

适当陈述当下的紧张状态，也能缓解演讲中的尴尬。还可以提前预备一个笑话，用幽默的方式打个圆场。脸皮厚一点，甚至可以跟观众要掌声，博得"同情"。比如，可以说："我在后台候场时，工作人员一直告诉我别紧张，可是越是这样，我越是紧张。刚才上场时做自我介绍时，差点说成'大家好，我叫不紧张'。"

"从小只要一上台讲话我就会感到紧张，就会不停地去洗手间，结果就在刚才，我去了六趟。"

"现在我很紧张，嘴巴仿佛不受自己控制，刚才就不小心说错了话。如果可以的话，希望大家给点掌声鼓励鼓励我，谢谢！"

主动暴露自己的缺点和状态，展示自己的脆弱，反而能拉近与观众之间的距离，让自己更放松自然地进入到下一阶段的演讲中去。

诡　辩

这里的诡辩是个中性词，意思就是把无意中说错的东西，变成好像是你故意说错的，把话圆回来。

举个例子，还有两个月就要到最后期限，你给下属做演讲，结果说成了"大家还有一个月的期限了……"。当你意识到自己说错了，把时间搞错了，怎么办？可以辩解说："同志们，其实我是故意把两个月说成一个月的，因为我希望大家能够意识到时间的紧迫性，真正感受到时不我待，抓紧当下的每分每秒……"

反问+否定

在表达中出现语义完全弄反了的口误时，可以使用这个方法。比如，在阐述"男性思维偏向于理性思考，女性思维则偏向于感性思考"的观点时，不小心说反了，说成了"男性思维偏向于感性思考，女性思维则偏向于理性思考"。当你发觉时，往往为时已晚。可以紧接着发问并自问自答："刚才这种说法对吗？显然，这是不对的。"然后，立刻将正确的说法说一遍。

六、面对刁难者应该怎么做？

有这样一件事：

"1987年，菲律宾前总统访华谈到南沙主权问题时说：'至少在地理上，那些岛屿离菲律宾更近。'邓小平抽了口烟，说：'在地理上，菲律宾离中国也很近。'从此，南沙再无战事。"

这是真的吗？

在演讲的过程中遇到责难也是常有的事。所谓责难，就是责备非难，大致包含两种情况：一种是对所谈有疑问或不同意见而提出问题和反对意见，多为善意的；另一种则是故意刁难，搞恶作剧，以达到让演讲者难堪、出丑的目的，多为恶意。鉴于上述情况，演讲时面对责难的控制，也必须有所区别。

▶▶▶ 面对善意的责难时，怎么办？ ◀◀◀

面对善意的责难，演讲者应尽己所知，认真、负责地阐述自己的观点或解答对方的问题。只要不是涉及国家、组织机密和有伤风化等内容的，都应有问必答，不能用"无可奉告"之类的外交辞令搪塞。如果确实回答不了，也要老老实实地表示歉意，或者留下另行探讨的话语。

一位宣传部长在宣讲时事政策时，一位工人站起来问："你老讲形势好，为什么全国到处都在下岗？"部长就说："下岗是社会发展的正常现象，是社会进步的表现，恰恰说明形势好。现在一些地方、部门人浮于事，没事做，而一些地方、部门又事多等人做，这正常吗？工厂技术落后、设备陈旧，产品没市场，大家都发不出工资，还不如让一些人下岗转行，去干社会需要的事，既能满足社会需求，大家又能挣到钱，不比要死不活地吊着好吗？"

▶▶▶ 面对恶意的责难时，怎么办？ ◀◀◀

遇到这种情况，演讲者要大胆一些，针锋相对，坚决、果断地当众揭露制服。手法上可以多样化：或反唇相讥，或以牙还牙，或幽默风趣。总之，不能让其企图得逞。不予理睬、拒绝回答，或者发火、生气，或者令其离开或自己离开，都是不恰当的。如此，不仅会助长其气焰，混淆其他听众的视听，更会有损自己的形象。

苏联诗人马雅可夫斯基一次在莫斯科演讲，猛烈抨击时弊和庸俗文人的行径，致使某些感到"冤屈"的人骚动起来。有个家伙企图中伤马雅可夫斯基，大喊："您讲的笑话我不懂。"

马雅可夫斯基幽默地说："你莫非是长颈鹿？只有长颈鹿才可能星期一浸湿的脚，到星期六才感到哪！"

听到这话，那家伙暴跳如雷，大声嚷道："您怎么把我们大家都当成白痴啦？"

马雅可夫斯基故作惊异地回答："哎，您这是什么话？怎么是大家呢？我面前看到只有一个人……"

就这样，马雅可夫斯基以幽默的语言、辛辣的讽刺，制服了别有用心的破坏者，扭转了演讲的被动局面，最终赢得了广大听众的热烈掌声。

在演讲中，人们总会提出各种挑战性问题，用非常漂亮的回答打掉了他们的戒心，就赢得了战役，赢得了他们的信任。否则，会变成讲台上孤独的靶子，被各种刁钻问题扎得像刺猬一样。

1. 掌控问答环节

回答过程通常都有很多人参与，很容易造成失控的局面，绝不能让它发生。所以，从提问的时间、提问人的选择，到提问的数量，甚至提问人的话筒使用，都需要一手掌控，要让局面时时在你的控制中。

从小，阿古顿巴就在领主家当奴隶。一天，天已经黑了很长时间了，阿古顿巴才放牛回来，可是领主家连稀饭也没有了。伙夫要生火做饭，领主问："干什么的？"伙夫说："阿古顿巴回来晚了，还没吃饭呢。"领主瞪了伙夫一眼："就你多事，他一个小孩，又不干重活，吃也吃不了多少，算了！"硬叫伙夫把火灭了。阿古顿巴这个气啊。第二天，他放牛到南山，把老牛牵去放了，把小牛犊子拴在树上就是不给吃草，把个小牛犊子饿得"哞哞"直叫。领主老远听见牛叫，不知咋回事，跑来一看，大骂阿古顿巴："你是存心不给这牛犊子草吃，想饿死它？"阿古顿巴说："我看这牛牙口太小，帮老牛耕地又使不上劲，吃也吃不了多少草。我看啊，不如今天就算了，让它歇在那儿，留长大一点再喂吧！"领主愣在那里，说不出话来了。

阿古顿巴辛苦了一整天，可领主竟然有意相欺，以他年纪小为由，连一口稀饭也不给吃。气急的阿古顿巴利用领主的说法，故意不给小牛犊子吃草，从而使领主干瞪眼无话可说。

论辩中，当对方故意欺辱并冠冕堂皇地找理由狡辩时，我们可以采用借力发力的方式以毒攻毒，以恶行攻克欺凌，使对方无言以对。

2. 让人觉得"你在听"

听众的敏感度绝对超越，演讲者的想象，演讲者的任何小动作都有可能传递一些内心的想法，所以要认真聆听；如果想在竞争中胜过他人，一定要尽力避免"不仔细听"这个致命错误。即使没听清，也没有什么，不妨反问："可以请您再详细描述一下问题吗？"千万不要在错误的基础上一错再错。

3. 学会释义

释义是用其它形式，或者使用其它字眼，重新阐述一遍问题，通常是出于澄清的目的。面对演讲中的为难，演讲者就要偏转挑战的矛头，控制它的意义，直达核心，绕过上面的一切判断；不用应对提问者潜在的敌意，只要阐述对方关心的核心问题即可。

4. 作出有效的回答

在回答听众问题的时候，有几个原则必须遵循：要坦诚地回答每一个问题，尽量简洁；在演讲前，不妨列出棘手问题的清单，如果这个问题无法回答，就实话实说，但是要给出一个无法回答的正当理由；在所有的问题之后，都尽量给出一个强有力的结尾。

第八章　即兴发挥，有感而发的表述更有影响力

一、脱稿说话更考验口才和灵活性

脱稿演讲是演讲的一种高级形式，是衡量演讲者能力水平的重要尺度。它是一门高级而又综合性的语言艺术，是一种高于日常说话的语言表现形式，可以让听众产生一种情感上的共鸣和不断奋发的力量。

做到脱稿演讲并不容易，它是一门技术活。

 ## 解放天性

在幼年的时候，人们都敢于表达自己的天性，有一个词形容得非常好——"童言无忌"。但是随着年龄的增长，这项功能被束缚住了，变得不愿过多地表现自己，不愿展现出自己的真实想法。

在这种情况下，脱稿演讲时更容易陷入无话说、无感情的状态，导致不敢讲真心话，甚至达到了无话可说的程度。这也是不能顺畅地脱稿演讲的一个重要原因。当然，这里所说的解放自己的天性，并不是说可以毫无顾忌地、随心所欲地不顾及他人而说的一些疯言疯语，而是通过解放天性来发现自己最原始的性格，为形成自己的演讲风格打下基础。

>>> **做好准备** <<<

有句话说得好："兵马未动粮草先行。"可见，充分的准备对于脱稿说话的成败来说是至关重要的。

相信，很多人都曾看过《超级演讲家》或《我是演讲家》的节目，看到选手们在台上的优秀表现，很多人都会对他们非常地佩服与崇拜。其实，这些人的演讲天赋并不是天生的，每一次演讲之前他们都是提前十几天准备和练习，才达到了那么震撼的舞台效果。

没有谁天生就是演讲家，真正的高手从来都不指望临场发挥，随机应变只是外人的错觉而已。每个人都有成为演讲家的希望，只要努力做准备，未来的舞台就会向你敞开怀抱。

>>> **强化技能** <<<

通过前两个阶段的初始准备，也到了最关键的环节：强化技能阶段。这个阶段运用的好坏也最终决定了未来演讲水平的高低。运用得好，会起到事半功倍的效果，正所谓四两拨千斤，用它来形容完全不过分。当然，为了做到这一点，还需要掌握下面五个小技巧：

1. 会讲故事

每个人都喜欢听故事，爱听故事是人的天性，儿童如此，成人更是如此。故事是语言艺术的明珠，以其丰富的内容、波澜起伏的情节及深刻的哲理给我们启发，令人身不由己地陶醉其中，沉迷忘返。

鉴于此，脱稿说话时，演讲者完全可以增加故事成分，巧妙地将故事引入到自己的讲话中，用故事来表达自己的主体，继而产生磁铁效应，最大限度地引起别人的注意。如此，整个讲话的过程就会变成一场盛大有趣的戏剧，引人关注令人深思。

讲故事是脱稿讲话必不可少的技能之一，不管选择什么类型的故事，都是为讲话的主题服务的，最关键的一点，就是要契合主题。易中天、于丹等人讲话都擅长讲故事，他们都能将历史故事化、将哲理故事化，用传神的人物刻画出荡人心魂的情节，吸引观众。由此可见，讲好故事对脱稿讲话有着巨大的帮助。

2. 善用比喻

生动的措辞是自我感召力的体现，自古以来，中国人都愿意将"会不会措辞"当做权衡自我威力的主要尺度。

如果能将话说得恰如其分而又生动形象，别人听了也会觉得更生动传神、更可信。如此一来，你讲的话也就更可以戳中人心，让别人心里产生共鸣，相信你、信赖你、支持你。而比喻的方式就是措辞中的一颗耀眼的"明星"，能够传神地将抽象转化为具体、将枯燥转化为生动。在讲话中能够精准地用比喻来装饰言语，就相当于掌握了一把打开对方心门的钥匙，可以简单而又快速地走进对方的内心，获得对方的理解和认同。

3. 少用口头禅

口头禅长期累积形成，一句口头禅洞悉人的内心世界：

不确定：听说、据说，自我保护意识。

强调肯定：说真的、老实说、不骗你，希望得到别人的信赖和认可。

必须、应该说明一种强势心态说服对方执行。

转折：但是、然而、可是、不过比较委婉，不生硬，不让人反感。

过多地用口头禅会给人留下语言轻佻、毫不正式的感觉，对于拉近与观众的距离起到反面的效果。所以在脱稿说话中，要有意识地去改正，为未来的魅力演讲打下基础。纠正是一个需要时间来逐步进化的过程，首先在日常谈话中，要尽量要求自己减少某些口头禅的运用，先在心中打好腹稿再进行谈话，或者适当运用抑扬顿挫的起伏和语调的停顿来填补口头禅的位置，使你的讲话更有水平。

4. 适时沉默

俗话说"沉默是金"，无声的沉默往往比语言更有力量，这四个字蕴含着极具耐人寻味的真理。在脱稿说话中，语言不是唯一的技巧，沉默的重要性也不可忽视，毫不停顿的滔滔不绝只会让观众模糊重点，让人昏昏欲睡。

脱稿说话的话语之间没有停顿，就无法构成动人的节奏。沉默是演讲中奇妙的休止符，恰当地运用会起到此时无声胜有声的程度，达到"说的比唱的好听"的效果。

5. 真情实感

同样是脱稿说话，为什么有些人讲话非常神奇，寥寥数语就能在短时间内让人感动愿意相信他；而有些人则比较平庸，不管他们说什么别人都无动于衷。这两者之间的差距为何这么大？关键的一点就是，在言语当中是否存在感情。

人是情感动物，一生都被情感羁绊，对情感的免疫力很低，只有合理运用真情实感，才能让你的讲话更有穿透力、更直指人心。

二、即兴演讲的成功要素

即兴演讲以它少而精、小而活、快而准的特点，符合着时代的潮流，迎合着人们快节奏的生活方式。因此，这种演讲方式深得听众的欢迎。而正是即兴演讲的个性特点与特殊功能，决定了即兴演讲的特殊要求。

>>> **对即兴演讲者能力的要求** <<<

即兴演讲能力是一种高级的演讲能力，是最能反映演讲者修养和功底的。因为即兴演讲场合常有变化，听众的职业、年龄、生活阅历和文化教养也不尽一致，即使是在一次演讲会的过程中也常常产生各种预想不到的情况。

即兴演讲能力强的人，即使面对错综复杂的场合，也能泰然自若、侃侃而谈。他们能从当时当地听众的实际情况出发，及时调节演讲内容和演讲方式，从而提高演讲的效果；而即兴演讲能力弱的人，则不能随时变通。或者拘泥于原来的讲稿，脱离变化了的实际；或者即席变化，但讲得词不达意，语无伦次，纰漏百出，降低或损害了实际效益；或者不能临场发挥，无法即席发言。

即兴演讲出口成章，确实有一定难度，需要下一番苦功夫。这是因为，即兴演讲面临的具体课题多变，演讲者必须确有真才实学、知识渊博，具有较高的才情禀赋；同时，即兴演讲面临的情况比较复杂，要求演讲者必须具有最佳的心理素质，特别是要有良好的意志品质，能够控制自己的情绪，调节自己的心境，集中自己的神思来完成演讲；即兴演讲还具有触发性、临时性、短暂性特点，要求演讲者头脑清醒、机智、思维敏捷、词汇丰富、能够迅速捕捉话题的精义、要害、理出头绪、列出提纲、快速组织语言。

总的说来，即兴演讲能力的形成，既需要有一定的功底，又需要反复的实践锻炼。否则，即使勉强即兴演讲，也难以产生好的效果。因此，要真正成为一个优秀的演讲者，就必须注重即兴演讲能力的锻炼和培养。

对即兴演讲内容的要求

对即兴演讲内容的要求，主要有两点：

1. 材料新颖

"文章最忌随人后"，即兴演讲更是如此。即兴演讲没能给别人留下什么印象的原因，往往是因为内容缺乏新意。不"新"就无魅力可言，如果你讲的，也是重复别人的，或是翻覆地去讲一些人们早已熟知的内容，只能令人生厌。要讲出新东西，就要讲那些别人想说而说不出或者没有想到过的道理；要讲那些大家正在思索，但还没有被正确地提出来的问题；要讲那些人们想脱口欲出，但还没有找到合适语言表达的心声。这样就容易缩短演讲者和听众的距离，使听众产生共鸣而有所获、有所得。

一位美国将军来到西点军校发表演说，讲述的是一个优秀的指挥员应具备哪些"坏脾气"。演讲完毕，好评如潮。以致这篇演说成了西点军校的经典之一。

下面就是演讲中所列举的"坏脾气"：

"懒惰"：尽量放手让部下做更多的事；

"空想"：总是认为人人都会尽职尽力，而不逃避责任；

"轻信"：相信任何人都能胜任自己的工作并能圆满地完成任务；

"蛮干"：越是困难的事情越是要去做；

"无知"：不耻下问，总把自己当成学生，经常向周围的人提出看起来很傻的问题；

"愚蠢"：埋头苦干，从来不计较报酬和物质上的奖励；

"厚颜"：面对别人不愿干的事，自己却不怕非议，挺身而出；

"狂妄"：不盲从大人物，敢于向他们提出自己的不同意见和建议；

"嘴快"：从不将自己拥有的信息加以垄断，只要有益于他人的工作，并在纪律允许范围内，能将掌握的情况慷慨地提供给需要者；

"违纪"：只要没有接到上级的具体命令，就自作主张干自己认为正确的事情；

"无能"：如果认为自己不胜任独立完成一项工作，就屈尊求助于他人；

"懦弱"：甘愿让自己周围的人都能超过自己，不搞意气之争，并不会因此而产生嫉妒。

2. 立意深刻

即兴演讲的立意要深，指讲话的认识要深、意义要深、体会要深、开掘要深，能给听众以深刻的启迪。而要立意深刻，就要选择一个合适的角度。因为同样的一件事情，它可以包含几个意义。演讲者可以根据不同的目的来确定演讲的立意。

要使立意深，确定中心论点的角度就要尽量少而集中，要小中见大。所谓少而集中，就是要从生活中的平凡现象着眼，由此及彼，以点带面，抓住最本质的一点，触类旁通，引申扩展，上升到理论高度，使其小而实、短而精、细而宏、博而深、令人回味无穷。所谓小中见大，是指演讲者力求说出点新意，即使说出一星半点的火花和闪光之处，也会使道理增色生辉。

对即兴演讲方法的要求

对即兴演讲方法的要求，主要有两点：

1. 构思敏捷

即兴演讲通常都是在事先无任何准备的情况下，临时构思发表的演讲，所以必定要求构思敏捷。要真正做到"构思敏捷"是不容易的，正像诗人陆游所说："汝果欲学诗，功夫在诗外。"构思敏捷是以智慧和常识为基础的。

要做到构思敏捷，首先，要注意培养敏锐的观察能力和分析、归纳、概括能力；接着，构思时要选取本人熟悉的人、事、物、景为话题，因为只有自己熟悉的事物，大脑反应才迅速、快捷；然后，要选取听众熟悉的、感兴趣的事物和听众关心的热门话题，与听众产生共鸣。这样，演讲者构思时就能文思如泉涌，滔滔不绝，长流不息。

2. 语言简洁

即兴演讲，本来篇幅就不长，要想在短短的几分钟内给听众留下深刻的印象，就特别要求语言要简洁，不能说废话、空话、套话，不能冗长啰嗦；同时，使用的句子不能过长，修饰语不宜用得过多。

句子中修饰语用得过多，就会使句子变得冗长累赘。而即兴演讲，语言稍纵即逝，句子太长，后半句还没说完，前半句就可能淡忘了，听众就会觉得抓不住句子的主干，迫使听众把心思用在理解长句子的意义上，从而影响整个演讲的效果。所以，即兴演讲宜用短句，少用修饰语。

当然，要使即兴演讲的语言简洁，不是单纯地把长句换成短句，而是要锤炼词句，杜绝一切空话和废话，节省话语，含而不露，留有余地，力求达到言简意赅的意境。

三、即兴演讲的三定四问

当主持人在台上说"请李小姐上台，分享一下这次活动的收获""请刘先生上台，给大家讲讲这个技术的发展情况""请王同学上台，说说这个社群的规划"时，一脸懵逼，一副傻相，边摇头，边摆手，尴尬拒绝，错失的不仅是一个展示自己的机会，而是一个丰盛的人生。

周星星说："曾经有一个即兴演讲的机会，放在我面前，我没有珍惜，等我失去的时候我才后悔莫及。人世间最痛苦的事莫过于此。如果上天能够给我再来一次的机会，我会对'即兴演讲'说三个字：我要你。如果非要给这种机会上加上一个态度，我希望是——死了都要'要'！"

三　定

没有话题，就没有抓手，没有入门之路，没有思考的方向；没有观点，就没有主题，没有核心，没有思考的基点；没有范围，就没有框架，没有限制，没有思考的约束，无法快速构思成篇。在接到即兴演讲的邀请时，要快速确定话题，快速确定观点，快速确定范围。

"三定"是即兴演讲快速构思的第一件大事。某校有位学生会主席，参加一个班级"关于培养良好学习习惯"的主题班会，临时被班长邀请作即席发言。他先快速确定话题："三岁定八十"；之后，再快速确定观点：青少年时期养成的良好习惯将影响人的一生；然后，快速确定范围：中外成功人士如何在年幼时培养好习惯，当代学生如何培养好习惯。"三定"使他成功地快速构思，从容不迫，应对自如。

四　问

快速构思时必须向自己提出四大问题：什么时间、什么听众、什么场合、别人已经讲过什么内容。这"四问"能从四个方面约束思路，快速找到即兴演讲的框架。

有位因家庭动迁而转学到某校就读的高二学生，在新学期伊始的班会上班主任让他作即兴演讲，他在极短促的时间里快速"四问"，得到的答案是：新学期面对新伙伴、新老师，在气氛热烈的迎新场合中，在其他人已经说了许多迎新决心的时候发言，必须特别注意"针对性"，要讲既符合听众需要，符合会议主题，又具有新鲜感的内容。

这位学生巧妙地由"动迁"想到"辞旧"，要迎新必先辞旧，要和新伙伴、新老师一起学习，必先"辞"掉自己身上的种种旧习惯、旧方法、旧想法。他以"辞旧迎新"四个字迅速构想了一席符合"四问"结果的即兴演讲，获得了热烈的掌声，老同学们兴奋地评价：来了一位出口成章的口才专家。

四、即兴演讲的四大原则

即兴演讲，要遵循下面四大原则：

▶▶▶　　　　尽快拟定一个主题　　　　◀◀◀

即兴演讲前，要尽快拟定几个演讲思路，在心里思考；如果时间允许，可以用笔写在纸上。除了一些最常见的思路，最好可以列出一些不常见的，可能从中你会找到最佳的选择。

▶▶▶　　　设计好开场白和结束语　　　◀◀◀

开头和结尾是演讲关键的部分，即兴演讲的讲话尤其如此。用最简单的办法抓住听众的注意力，可以使你免于尴尬。知道自己可以用某句总结陈词作为结尾，就不会因为接下来无话可说又不知道如何收场而感到慌乱。想好开头和结尾，可以避免临场发挥时东拉西扯的常见现象。如果你知道自己的任务是把开头和结尾用一番话连接起来，那么心里就有谱了，就能判断哪些即兴想到的东西应该加入即兴演讲中。

保持镇定，不慌张

碰上这种情况不要道歉。知道你确实没有准备，听众对你的期待也不会脱离实际。并且，你对自己应该有实事求是的期望，即使自己的表现不尽人意，也不至于因此而心灰意懒。

即兴演讲中，要一字一顿、充满信心地讲话。始终提醒自己，你的讲话没有充分准备，不用给自己太大的心理压力。在你看似随意的讲话过程中，实际上也在考虑接下来应该讲什么，一直在脑海里面构思下文，不要让讲话的紧张感使你忘了这一点。

从突然受邀发表讲话到实际开始讲话之间有一个空隙，如果可以保持镇定，就能充分利用好它。不管是走上讲台要用三十秒，还是获悉会议由于意外而推延十分钟开始，都要充分利用这段时间准备讲话材料。不管时间是多么紧迫，步骤都是一样的：准备一个题目、组织框架、准备开头和结尾的句子。

选择一种组织框架

在有限的时间里，如何富有条理地做好即兴演讲呢？大致可分两步，即先明确讲什么，再设计怎么讲。

第一步，是明确讲话主旨、确定材料范围，也就是选择一个恰当的话题。一般需要即兴演讲的场合，如集会、参观、访问、联欢等，它们的背景、具体环境，预先是知道的，所以话题的大范围是确定的，关键一点是能不能抓住现场气氛的特点，说出一点新鲜话。这就需要选择一个展开话题的最佳角度，而这个选择是需要在观察现场、体味气氛、了解他人、知己知彼的基础上确定的。切忌把别人说过的话题拿来再说，力避雷同，追求新意。因为，能打动人的话，必然是在己真，在人也新。要做到这一点，有效的办法是提高层次、转换角度、高屋建瓴、另辟蹊径。虽身在现场，但先要从思想上站在圈外，纵观全局，细察情势，再做决定。至于是先说还是后说，要根据自己的灵感、对问题理解的程度，以及对现场的感受，分析利弊，适当把握。

第二步，顺应思路组织材料。从即兴演讲人来说，现场准备，不可能讲宏篇巨论；从听众来看，由于是一种特殊场合，既不可能，也没心思去听滔滔不绝的讲话。即兴演讲要精彩、热烈，要少而精，多则五六分钟，少则两三分钟，最好不要超过五分钟；从内容上来说，一次只说一个问题，集中力量，说深说透说精彩，给人留下深刻印象。短话比长话更难讲，但是，它留给人的印象却也更深刻。

美国前总统里根在洛杉矶第二十三届奥运会上的致词，仅有 16 个英文单词，翻译成中文也只有 25 个汉字。他的致词是这样的："我宣布进入现代化的第二十三届奥运会，在洛杉矶正式开幕!"短短的 25 个字的讲话，把第几届、什么会、在哪里开、其时代特征都讲了出来。这一讲话，创造了奥运会开幕式讲话的精彩而简短的纪录。

确定了话题，选定了角度、时机，紧接着就是确定讲话的思路，或者说线索，并在这线索的每一段上找到关键的、虽片言而居要的闪光点。这样，有线、有点，一篇简短的即兴演讲的骨架子就有了。如果说起来能够方寸不乱、从容发挥，使讲话丰富充实，没有明显的语病，那么这样的即兴演讲就算是成功的。

即兴演讲虽然具有临时性、突然性的特点，又时间紧迫，但多数时候也不是没有任何时间来加以准备的，应抓紧机会迅速准备，最好打个腹稿。至于这个"腹稿"如何打，还要根据每个人的不同情况及场合，采取不同的形式。

首先，不管采取什么形式，都要对即兴演讲的内容进行抽象概括。

训练有素者和对有即兴演讲经验的人，在讲话之前的短暂时间里，就能根据场合的性质、环境、人员、气氛等，确定要讲的中心内容，以及先讲什么、后讲什么，不用专门考虑。而对于初次即兴演讲者来说，恐怕就要吃力些，不可避免地要出现一些漏洞，这需要在实践中提高。经验不多的演讲者即兴演讲，可以将内容高度浓缩，进行要点提示，以免疏漏。

其次，要组织好句群。所谓句群，也叫句组，是前后衔接连贯的一组句子，是一篇即兴演讲的基础单位。一个句群有一个明晰的中心意思，称为"意核"，它可以使几句话连结成群。准备三五个，或更多个"意核"，发挥成句群，一篇即兴演讲"腹稿"也就出来了。例如，老同学聚会，有人突然提议让你即兴演讲。你可以迅速定好这样几个"意核"：一是参加聚会很高兴；二是奔腾的思绪勾起了美好的回忆；三是大家此时重逢别有新意；四是下次相会我们各自将会取得更大成绩。围绕这些"意核"，或补充，或联想，或举例，就能收到好的效果了。

五、即兴演讲的禁忌

关于即兴演讲有这样一个故事：

第 83 界奥斯卡最佳影片《国王的演讲》讲述了一个真实的故事：乔治六世国王本来说话有些口吃，可是在罗格医生的帮助下，他战胜了自己的这一顽疾，并成功通过广播向全英国人民发表演讲。

在演讲中，乔治六世呼吁英国民众："我们被迫卷入冲突，我们必须保护自己保护国家，如果你愿意，请拿出你的力量，我们必须坚强起来，抵抗敌人。此时英国面临的形势极为严峻，我们中大多数人将面临第二次战争，我们已多次寻求通过和平方式，解决国家间的争端，但一切都是徒劳。"

最后国王说道："我们还会面临一段艰难的日子，战争也不只局限于前线，只有心怀正义才能正确行事，我们在此虔诚向上帝祈祷，只要每个人坚定信念，在上帝的帮助下，我们必将胜利。"

这段演讲，在特殊的历史时期，极大地鼓励了民众的信心。面对纳粹德国的强大压力时，国王并没有挟持民众，并没有营造恐怖的氛围，而是告知大家，要有信心，因为大不列颠国是属于"正义"的一方，而"正义"必将获胜。

即兴演讲中，有些问题也是需要忌讳的：

开场白太无聊

一个好的演讲，要有一个震撼的开场白。无聊却又被经常采用的开场方式，对主持人大肆感谢，比如："非常感谢××给我这个机会，能够站在这里分享我的一些经验。"可能一开始就会让听众陷入无聊的情绪，心中默念"又来了，无聊的官僚主义"。

喜欢模仿他人

2009 年，在北大讲堂颁"体坛风云人物"奖项的时候，刚上任不久的北大校长周其凤，找来了"小巨人"姚明当自己的颁奖搭档。身高不足 1 米 6 的周先生，并不介意跟 2 米 2 的巨人同台，这种剧烈的反差感，带来了意想不到的幽默效果。

每个人都有其独特的特点，有些人不苟言笑，释放出的一些冷幽默会让人十分受用；有些人在体态上有些独特之处，在演讲中也可以利用这一特点达到特殊的效果。

没有合理利用会场空间

　　好的演讲者都不会将自己禁锢在舞台中央，他们会适当走动，增加演讲的感染力，只有无聊的老学究才会纹丝不动地站在或者坐在讲台上。没有人希望去听这样的演讲。扩大活动的空间，就意味着增加了与听众的互动。这种互动不仅会提升演讲的感染性，也能使听众更集中注意力。

没有掌握放松技巧

　　无论做了多少次的演讲，即兴演讲都会带来许多压力。没有一次演讲是可以完全复制的，尽管有些演讲内容都已经驾轻就熟，但现场的氛围、观众的特点这一切都是未知的。好的演讲者，并不会因为自己对于演讲十分熟练而高枕无忧。

　　现实生活中，很多事情之间的关系并不是简单的一种线性关系，焦虑与工作效率的关系也是如此。心理学研究发现：两者之间的关系呈倒 U 型曲线。也就是说，保持中等程度的紧张和焦虑水平，工作效率是最高的。演讲者在接到演讲任务时，一定不要轻视，也不要过度重视，要将自己的焦虑水平维持到中等程度最佳。但这一切最好都在去会场之前就早已解决，即将要踏上演讲台之前，还是抛开一切，放松心情。

照本宣科，味同嚼蜡

　　千万不要把"即兴演讲"和"无稿演讲"搞混，即兴演讲之前一定要精心准备自己的演讲稿。当然，若把自己精心准备的稿件一字不差地呈现给听众，也是一种吃力不讨好的方式。

盲目赘述他人的故事

举例子是演讲中经常被用到的方式，一条一条地罗列观点，绝对不讨喜。因此，对于故事的选择也要十分慎重。一般情况下，鼓励大家多举一些跟自己相关的例子。这并不是说，我们不能举一些别人的例子，宋美龄在访美演讲中，就讲述了一个禅宗的故事。这样的小故事虽然与她本身没有大关系，但对于美国的听众来说，十分新鲜。这种新鲜感也是非常奏效的。下面的这个例子就是正确举例子的典型案例：

大约在公元前 1641 年，汤见桀已经完全陷入孤立，立即动员自己的所有力量讨伐桀。出兵前，举行了誓师大会，汤作了篇《汤誓》，在大会上宣读，汤说："众兵士，我率你们去攻打夏桀，我不是发动兵乱，而是因为夏桀的罪太多了，现在上天命令我去惩罚他啊！"这番誓师，极大地振奋了士气。战前誓师后，商汤选了良车 70 乘，"必死" 6000 人，联合各诸侯国的军队，采取战略大迂回，绕道到夏都以西，出其不意，攻其无备，突袭夏都。夏桀仓促应战，从西边抵抗汤的大军。汤和桀的军队在鸣条（今河南洛阳附近）一带展开战略决战。在决战中，商汤军队奋勇作战，一举击败了夏桀的主力部队，夏桀败退，带着妹喜和金银财宝一起归依于属国三朡（今山东定陶东一带）。商汤发扬速战速决、连续作战的作风，乘胜追击，攻灭了三朡，最后大获全胜。桀带领人马一直逃到南巢，就是今天安徽巢湖以西这个地方。汤的大军也追到那里，最后将桀生擒。

语气乏味，让人入睡

没有什么比去听一场让人昏昏欲睡的演讲更折磨人了，我们常有这样的感受，如坐针毡，甚至都有点儿替演讲者感到害臊。这种时候也没办法，只能把自己的思绪往别的方向导引，希望有人赶紧把我们从这种窘境中解脱出来。演讲者可以不是文采飞扬的人，确实演讲稿也不用多华丽，就像说书人一样，不一定多有才华，但要把事情讲明白。

缺乏自信

有些人总是需要有充足的准备，才会开始做事情，否则总觉得心里不踏实，不过事情没有可能真的做到完美无瑕。这样的人本质上是缺乏自信的，总觉得可以以没有准备好为借口。如果无法说服自己，当然就没法说服别人，有时候自恋一点儿也不是什么坏事情。

自信一般由内而外地散发，装腔作势不是真正的有自信。我们生活中常见到一种人，他们总是夸耀自己的各种成就，言必称自己跟谁是朋友，一副自己很了不起的样子，其实这反而会让听众反感。所以，自信度要把握好，否则便是自大了。没有人喜欢自大的人，也没有人喜欢感觉自己渺小的人。所以，成熟的演讲者尽量不要让听众产生这些不良的情绪。

事先没有练习，准备不充分

即使最优秀的演讲者，也要勤于练习。若想不事先练习就能实现现场优秀发挥，那只能是白日做梦。练习可以有很多种形式，熟练的演讲者，可以在头脑中重新过一遍自己要演讲的内容，做到胸中有数。如果是并不经常演讲的人，可以彩排一下自己要演讲的内容，请自己的朋友作为假想听众进行彩排，根据朋友作为听众提出的建议反复修正，以达到理想的效果。

>>> **盲目道歉，令听众尴尬** <<<

有些坦白的演讲者，在演讲过程中发现自己犯了一些错误，或者落下了一些事情没有讲，他们便会跟听众道歉。其实这是完全没有必要的，听众们可能并没有注意到这个问题。突如其来的道歉，只会让听众觉得有些尴尬，不知如何是好。而且听众可能并不知道你到底是为了什么道歉。这不仅会破坏演讲的节奏，还可能让听众陷入疑惑，所以这种类型的"坦白"还是不要为妙。

六、即兴演讲的出错补救

即兴演讲中语言出错是一种常见现象。要解决这个问题，可以从以下两个方面下手：一方面，通过长期的实践锻炼，不断提高自己即兴演讲的心理素质和表达水平，尽可能减少这种失误；另一方面，要掌握和运用一些必要的应变方法，以及时避免或消除因语言出错而可能造成的消极影响。下面，我们就介绍几种即兴演讲中语言出错的补救技巧，供大家参考和借鉴。

>>> **将错就错** <<<

即兴演讲是在某种特定的现实场景中进行的，其现场效果要受到演讲者和听众两个方面的制约。无论是主观因素还是客观条件，一旦发生干扰，都可能造成演讲者无法预料的语言差错，而陷入尴尬的境地。倘若出现这种情况，演讲者不妨将错就错，来一番即兴发挥，就会消除窘困，获得意想不到的现场效果。

当天的新书首发式现场，成龙姗姗来迟，主持人白岩松跟清华大学的学生们开起了玩笑。"看着书名起得特好，叫《还没长大就老了》，今年他61岁了，突然觉得还没长大就老了，这不是说现在的大学生吗?"白岩松调侃，自己小时候看了成龙很多片子，都没买过票，全是在录像厅里、影碟机里看的，怀着愧疚来给成龙当主持。

《还没长大就老了》成龙主题讲座暨新书首发式在清华大学举行。成龙亲临现场与媒体朋友、在校大学生等各界人士，分享自己的写作心得。著名主持人白岩松与成龙现场互动。成龙4月7日北京发行新书，现场环节中成龙大哥用错成语，错将"历历在目"说成"目目在历"，全场大笑，经白岩松提醒才发现。名嘴白岩松则新解目目在历：对电影人就是幕幕在历，意思是每一个屏幕上出现的画面我都经历过，成龙直呼要白岩松当代言人。

以正改错

实践表明，在即兴演讲中，演讲者有时会因为过于紧张或过于激动而造成一时的口误，在这种情况下，演讲者既不可为了面子而置之不理，也不能因为自尊而掩饰错误，最好的办法是按正确的讲法再讲一遍，也就是把错误改正过来。根据现场的实际情况，有针对性地将正误对照起来巧作辨析，给听众的印象反而会更加深刻。

新生入学后，一位师范学校的班主任第一次班会上做即兴演讲，他说："同学们，大家好! 你们从四面八方来到这所学校，开始了新的学习生活，我相信同学们一定会刻苦学习，不断进步。将来希望每一个同学都能成为合格的小学教师。不，应当这样说——希望将来每一个同学都能成为合格的小学教师。因为这希望是现实的，它表达的是我此刻的真实心情；而你们将来才会真正走上讲台，开始从事太阳底下最光辉的职业……"

这位教师在即兴演讲中凭敏锐的语感发觉了一句话的语序错误，并在迅速改正过来之后，进行了巧妙的辨析。既表明了语言的毛病，又解释了改正的原因。不仅没有造成语言失误的尴尬，反而强化了表达的效果，实在是一种高明的补救方法。

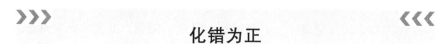

化错为正

在即兴演讲中，演讲者一旦觉察自己的语言错误，往往会因为心理紧张而产生思维障碍，以致无法继续讲下去。倘若出现这种情况，应立即针对自己的失误，进行一番合乎情理的阐释，只要能够自圆其说，也不失为一种化错为正的补救方法。

在一次婚礼上，主持人热情地邀请来宾讲话，一位女士上台即兴致辞，她说："今天，是夏先生和叶女士喜结良缘的好日子……也许有人以为我说错了，夏先生和叶小姐不是同在一个公司上班吗？是的，夏先生在公司上班，但一个月前，他还是一名优秀的青年教师。在我们的心目中，他永远是我们的好同事。我愿借此机会，代表全体教职工，向一对新人表示最真挚的祝福！"

婚礼现场，这位来宾一时激动，把新郎现在的供职单位介绍错了。也许他从听众异样的表情上觉察了自己的口误，于是稍稍停顿后，便巧妙地进行了阐释。听了此番入情入理的言辞，谁还会责怪她语言上的差错？这一化错为正的表白，不仅可以自圆其说，还增强了抒情的真切感，产生了独特的现场表达效果。

续错成正

　　进行即兴演讲，有时会出现这样的情况：演讲者自己也不知为什么，竟说出一句错误，而立刻就意识到了。怎么办？遇上这种失误，演讲者不妨采用调整语意、改换语气等续接方式予以补救。只要反应敏捷，应变及时，就可以收到不露痕迹的纠错效果。

　　一位公司经理在开业庆典上发表即兴演讲，他这样强调纪律的重要性："公司是统一的整体，它有严格的规章制度，这是铁的纪律，每一个员工都必须自觉遵守。上班迟到、早退、闲聊、乱逛、办事推诿、拖沓、消极、懈怠，都是违反纪律的行为。我们允许这些现象的存在——就等于允许有人拆公司的台，我们能够这样做吗？"

　　这位经理的反应力和应变力确实很强。当他意识到自己把本来想说的"我们决不允许这些现象的存在"一句话中的"决不"二字漏掉后，立刻循着语言表达的逻辑思路，续补了一句揭示其后果的话，同时用一个反问句结束，增强了演讲的启发性和警示力。这样的续接补救，真可谓顺理成章，天衣无缝。

第九章　厚积薄发，台上一分钟
台下一年功

一、加强自身思想品德修养

要想成为一名出色的、受人欢迎的、有影响力的演讲者，就要在思想、道德、品质、学识等方面达到一定的标准和水平，对此做的努力和培养就是演讲者的自我素质修养。那么，演讲者应具备哪些素质修养呢？总而言之，就是先进的、科学的思想，高尚的道德品质和丰富广博的知识。

 思想情操

大多数演讲者演讲的目的是教育人、启迪人，提高听众的思想认识、文化水平。这就要求演讲者本身必须具备先进的、科学的思想，这样才能拥有远见卓识，做到高瞻远瞩，识前人所未识，讲前人所未讲。

历史上许多著名的演讲家如德摩斯梯尼、西塞罗、林肯、马克思、恩格斯，他们无一不是伟大的思想家，他们的演讲也无时不在闪烁着真理、科学、智慧的光芒。在科技高度发展的时代，新知识、新学科不断涌现，更需要演讲者努力学习，迅速掌握各种新思想、新科学和新方法，以更好地服务于听众。比如，俞敏洪、马云在各大高校、各大经济论坛上纷纷做演讲，在迎来掌声的同时，我们也看到了俞敏洪、马云的政治品质和坚定的理想。

生活中的莫言是个风趣幽默的老人，他获得诺贝尔文学奖之前，很多人对他还比较陌生。一次莫言乘火车旅行，对面坐的刚好是一对夫妻。旅途无聊，莫言忍不住和对坐的女人闲谈起来。莫言风趣健谈，女人口齿伶俐，一路上两人有说有笑，聊得很投机。

而坐在女人身边的男人看着他们聊得忘乎所以，生气地使眼色给女人，最后实在忍不住了，拉着女人的胳膊小声说："小心点，他是醉翁之意不在酒。"女人看出男人吃醋了，笑着回应："放心好了，我是醉酒之意不在翁。"

刚好，这两人的对话被莫言听到了，他真有些哭笑不得，于是自言自语道："我是醉酒之翁不在意啊！"莫言说完这句话，女人笑了，男人悄然脸红了，赶紧向莫言道歉自己刚才的失礼。

道德品质

品格是高尚灵魂的结晶。

苏东坡和王安石虽相互排斥、相互贬低，但毕竟以其文斗为主。随着时光的流逝，二人最终在政坛失意，清醒之后都认为是自身的嫉妒心造成二人争斗的主因。名利到头随烟而去，明心见性后双方都有了忏悔当初而赏识对方才华之心。

在政见方面，王安石认为苏东坡是盖世英才，一代忠臣。当苏东坡遭遇乌台诗案被定罪候斩时，性命危在旦夕，当时满朝异姓官员无一为苏东坡求情，王安石听说后从江宁上书神宗道："安有圣世而杀才士乎?"

古人说："其身正，不令而行；其身不正，虽令不从。"这从某个侧面说明了演讲者道德品质的重要性。在生活中，任何一种行为都会直接或间接地与他人或社会发生关系，并受到一定社会规范的限制和协调，演讲也是如此。作为演讲主体的演讲者，更应以一个具有高尚道德水准的形象出现在公众面前，带头恪守社会道德规范，并应具备以下四点：

1. 政治道德

政治道德即应当有高度的政治觉悟、良好的政治品质、坚定的理想信念。对于演讲者来说，要想成功，就一定要具备高度的政治觉悟、良好的政治品质和坚定的理想信念。因为演讲者的目的是教育人、启迪人，提高听众的思想认识、文化水平。这就要求演讲者本身必须具备先进的、科学的思想。

2. 职业道德

演讲者必须遵守自己从事职业的道德，如医德、师德等。有这样两位老师在做演讲：一个是令人尊敬的好老师，一个却是人品不怎么地的人，你会选择哪一个? 相信，很多人都会选择一个人品较好、有职业道德的演讲家。道理很简单，演讲家就是要通过自己的话，去感染、影响听众，而听众也是希望从演讲家的演讲中获得某些自己所需要的东西、希望等。没有职业道德的人，很难去传递正能量，传递正确的价值观。当然，这样的人，即使是口若悬河，也很少能得到听众的喜爱。

3. 社会公德

演讲者在一举手一投足间都应讲究文明礼貌，彬彬有礼。同样，对于演讲家来说，台上的一举一动，都被观众看在眼里。不懂礼貌、举止不文明、素质不高的演讲家，在演讲的过程中往往会出现非常多的不雅动作，而这一小小的动作，往往引起整个演讲过程的失败。文明的社会，我们都是文明人，我们的眼里容不得半颗不文明的沙子。因此，要想站在万人中央，潇洒自如，侃侃而谈，就必须要有礼貌，做到彬彬有礼。

对于一个演讲者来说，不仅仅要拥有礼貌，更要全方位提高自身的道德素质。尤其是要学会感恩。因为作为演讲者，当你站在讲台上演讲的时候，如果没有了听众，你的角色也将不复存在，因此要感恩于每一个认真听你演讲的人！人生本就不是一个单独的个体，每个人都是在别人的奉献中得到满足。要想成为一名优秀的演讲者，就要明白自己要感恩谁？为何要感恩？

4. 伦理道德

演讲者必须具备高尚的伦理观、恋爱观、婚姻观，把正确的伦理观念传播给听众。语言像是一把锋利无比的刀子，有的时候它是杀人的武器，但有的时候它是救人的工具。语言是有意义的，表达是有力量的。演讲者在演讲的时候，一定要具备高尚的伦理观、恋爱观、婚姻观，把正确的伦理道德观念传播给听众。

> > > **丰富学识**

一次，颜回在街上看到一个买布的人和卖布的人在吵架，买布的大声说："三八二十三，你为什么收我二十四个钱？"颜回上前劝架，说："是三八二十四，你算错了，别吵了。"那人指着颜回的鼻子说："你算老几？我就听孔夫子的，咱们找他评理去！"颜回问："如果你错了怎么办？"那人回答："我把脑袋给你。如果你错了怎么办？"颜回说："我就把帽子输给你。"

于是，两人一起去找孔子。孔子问明情况后，对颜回笑笑说："三八就是二十三嘛，颜回，你输了，把帽子给人家吧！"颜回心想，老师一定是老糊涂了．虽然不情愿，颜回还是把帽子递给了那人，那人拿了帽子高兴地走了。

接着，孔子对颜回说："说你输了，只是输了一顶帽子；说他输了，那可是一条人命啊！你说是帽子重要还是人命重要？"颜回恍然大悟，扑通跪在孔子面前，恭敬地说："老师重大义而轻小是非，学生惭愧万分！"孔子淡淡地说："躬自厚而薄责于人，则远怨矣。"

演讲者要有丰富的学识，不仅是传道、授业、解惑的需要，也是演讲成功的基本条件。古今中外的演讲家无一不是学识渊博的，他们之所以能旁征博引，妙语惊人，之所以能把生动、具体、精彩的事例自如地组织到演讲中，就因为他们博览群书，知识丰富。在当今科技发展时代，各种科学高度分化和高度综合，演讲者如果不了解新知识，跟不上现代科学文化发展的步伐，就不会使演讲内容充实、新鲜、生动。

二、加强知识积累提高表达技巧

语言和交际能力是提高素质、开发潜能的重要途径，同样也是驾驭生活、改善人生、追求事业成功的无价之宝。通观古今中外，凡是有作为的人，都把语言作为必备的修养之一，如古罗马共和国末期的政治家西塞罗，就是一位雄辩家，美国总统林肯也是一位雄辩家。

演讲水平，是一个人语言的说服力、吸引力、感染力，在交际中起的作用是不可估量的。一个人的成功，85%取决于社交，15%取决于个人技艺才能。而社交又绝对离不开语言，可见语言在我们的生活中是多么重要。

我国著名作家老舍先生作为一代语言大师，其语言通俗晓畅，独步于现代文坛。

他曾多次向青年作者这样介绍："我写作中有一个窍门，一个东西写完了，一定要再念再念再念，念给别人听，听不听在他。看念得顺不顺？准确不？别扭不？逻辑性强不……看句子是否有不够妥当之处……语言的创造，是用普通的文字巧妙地安排起来的，不要硬造字句，如'他们在思谋……''思谋'不常用；不如用'思索'倒好些，既现成也易懂，宁可写得老实些，也别生造。"

　　西方有位哲人说过："世间有一种成就可以使人很快完成伟业，并获得世人的赏识，那就是令人喜悦的讲话能力。"人才也许不是什么语言的专家，但有口才的人必定是人才。也可以这样说，口才是现代智能型人才的基本素质，思维敏捷、能言善辩是事业成功的保证。因此，作为一名优秀的演讲者，必须加强知识积累，提高表达技巧。

　　演讲稿的语言要力求做到通俗易懂。首先，要用通俗的说法，尊重多数人的语言习惯。其次，要规范化。演讲稿中的语言讲出来要让别人听得懂，这是对演讲语言的基本要求，否则演讲就失去了听众，失去了意义和存在的价值。语言不准确，意思表达得不清楚，话说得不明白，往往造成听众理解上的困难。

　　演讲中要多用贴近人们现实的轻松自然、通俗流畅的口语。如多选用儿化名词、象声词、叠音词、语气词、民谚、歇后语等。但有很多演讲者很难做到这一点，他们的演讲似乎每一句话都是经过精心雕琢似的。请看下例：

　　　　在大赛的名家演讲会环节，著名演讲家李燕杰老师第一个登台演讲，他讲道："我去国外讲伏羲文化，外国记者马上站起来问：'伏羲是传说中的人物，没有文字记载，你怎么能把他当做历史来讲呢？'我说：'你没见过自己爷爷的爷爷的爷爷，难道爷爷的爷爷的爷爷就是不存在的吗？'"全场爆出热烈的掌声。

　　　　而李燕杰老师则语重心长地说："人们大多看到的是演讲家在台上的风光，可我要说，演讲就是走钢丝，演讲家是离从钢丝上掉下来最近的那个人！你演讲，一不小心就会给人抓住小辫子，我们只能剃光了头，不让他们抓我们的小辫子！"谈到自己的成功经历，李燕杰老师又无限感慨地说："名人都是苦命的人！"全场再次为他报以热烈的掌声。

在一般人眼里，演讲家在台上滔滔而言，风光无限。可李燕杰老师却通过自己的亲身经历——讲伏羲，立马就有人出来挑刺——告诉大家，演讲其实是最危险的，因为你讲的每一句话都可能被人质疑、批评，都要经得起台下每一个人的推敲甚至是挑剔。而那句"名人都是苦命的人"，言简意赅，将李燕杰老师在成名路上所经历的困难和磨练高度概括。这样的话语，是演讲家自身经验的总结，也是对后辈的殷殷教诲：想成名，必须经受磨难；想成为演讲家，就要细心谨慎，练就不从钢丝上掉下来的本领！

三、勇于在公众场合发言

演讲者最重要的心理素质，就是自信。许多人不会演讲、不敢演讲，并不是表达能力上有什么缺陷，而是缺乏自信，不敢讲。

强烈的成功欲是人们实践活动的内驱力，是促进演讲成功的主观因素。对演讲者来说，它的主要作用是触发心理动机，使演讲者对现实演讲目标高度关切；然而，希望成功并非自信成功。勇敢，则表现为对实现目标的理性推断。它是通过对客观情况和自我能力统一比较衡量后产生的，是对自我素质和能力的信任。敢于演讲的表现，主要体现在对实现演讲目标持肯定性推断，坚信演讲成功。

自信可以发挥意志的调节作用，坚定意志；可以促使智力呈现开放状态，更有效地发挥演讲者的创造性。敢于演讲，坚信演讲能获得成功，在良好的心理定式作用下，演讲者就能以满腔热情应对演讲现场可能出现的各种复杂情况，并且始终保持清醒的头脑，砥砺意志，克服障碍。

自信心强的人，很少有心理负担。他们精力充沛，思维活跃，易于触发创造性思维，敢想敢说，随机应变；同时，对自己的力量、气质、风度和技能也能恰当地控制。相反，胆子小的人，意志薄弱，总会产生消极的自我暗示。越怕失败，越怕人取笑，就越加分心，越加忧心忡忡，无形中束缚实际能力的发挥，导致演讲失去光彩。

演讲者要有意识地培养和树立坚强的自信心，大胆地去演讲。而所有这一切的实现，都要建立在对自我素质和能力的正确认识上，建立在对演讲基本规律的娴熟掌握上，建立在对演讲内容的深刻理解上。只有在对主观条件和客观情况进行辩证分析，知己知彼，了如指掌，才会克服怯懦，产生真正的自信。否则，就是不切实际的盲目自信，就是鲁莽。

一个女孩自小就患上脑性麻痹症，病状惊人，肢体失去平衡感，手足时常乱动，眯着眼，仰着头，张着嘴巴，口里念叨着模糊不清的词语，模样十分怪异。她已失去了语言表达能力，不亚于哑巴。

但这个女孩硬是靠她顽强的意志和毅力，考上了美国著名的加州大学，并获得了艺术博士学位。靠着手中的画笔以及不错的听力，来抒发自己的情感。

在一次讲演会上，一个中学生提问：“你从小就长成这个样子，请问你怎么看你自己？”

在场的人都在责怪这个学生不敬，但女孩却十分坦然地在黑板上写下了这么几行字：“一、我很可爱；二、我的腿很长很美；三、爸爸妈妈都很爱我；四、我会画画，我会写稿；五、我有一只可爱的猫；六……”最后，她以一句话作结：“我只看我所有的，不看我所没有的！”

女孩以自己的实践，道出了走好人生路的真谛：人需要自信，要接受和肯定自己。

　　演讲时的自信显得非常重要，连演讲都不敢，连舞台都不敢上，怎么让听众相信你？他们对演讲者所讲的内容也会心生怀疑。试问，连对自己都不自信，如何让听众给你信心？

　　因此，演讲者要有意识地培养和树立坚强的自信心。以下是帮助人们建立自信的几种方法：

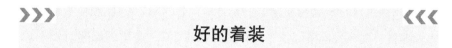

好的着装

　　固然穿着不能决定一个人，但衣服确实能影响人的自我感觉方式。没有人比你自己留意你的外表。当你的穿着看起来不太好时，你的行事方式和与他人交换的方式就会改变。因此，演讲者可以通过好好打理自己的外表来增加自己的自信。很多情况下，常沐浴、修胡须，穿干净的衣服和换个最新款式的打扮能帮助你取得重大的进步。

好的体态

　　耷拉着肩膀、无精打采的人看起来缺少自信，他们对自己所做的事情没有热情，也不以为自己很重要。具有好的体态，自然就会感觉更自信。演讲时，挺胸抬头，眼睛直视前方，就能给听众留下一个好印象。

大声说话

　　拿破仑·希尔曾说："有很多思路敏锐、天资高的人，却无法发挥他们的长处参与讨论。并不是他们不想参与，而只是因为他们缺少信心。"要想增强自己的信心及胆子，就要在众人面前慷慨陈词，即使说错了，也会增加自信。只要努力在众人面前大声说出自己的想法，就可能成为一个更好的公共场所演讲者，对自己的想法也会更自信。

>>> 肯定自己 <<<

在走向讲台之前，要给自己以积极的肯定。例如，可以对自己说"我很高兴可以有机会与朋友们分享这一信息"或"我已经尽了最大努力做准备，现在我准备好了，可以去做演讲了"。这样的陈述有助于你拥有积极的心态。虽然这些陈述不是魔法，但是它们能使你的思维保持清醒，建立自信，克服胆怯。

四、深入听众，参与交谈

真正的演讲者都知道演讲在与他人进行直接沟通方面的力量，从来没有哪位演讲者会仅通过电子邮件来说服别人。演讲亦是如此！成功的演讲大师，从来都是和听众沟通的大师。

>>> 从前排入手 <<<

在一些特殊的情况下，由于没法事先了解听众、分析听众，演讲只能在陌生的听众面前进行。陌生听众一般对你有戒备的心理，具有明显的排他性，他们合作的诚意不大，因为他们不认识你。这时演讲者就要寻找突破口，取得听众的支持，得到听众的认同。前排那部分听众就是最好的切入口，这是因为：前面那部分听众离你近，对你容易产生同情心，比较容易理解你、支持你。

有一次李大钊到某所大学演讲，大学生们早已正襟危坐等在下面。

本来主持人为他准备了桌子、椅子和热茶，但他却让主持人把这些东西全部搬走，并说："同学们这样热情来听我的演讲，我希望我的演讲一开口就能走进大家的心田，我们之间不能有任何隔阻。大家说对吗？"台下响起热烈的掌声。李大钊走向学生，与他们基本上站在一起，抚摸着前排一位同学的肩膀，热情洋溢地开始了演讲。

>>> 现场交流 <<<

一个大学生在题为《生我是这块土地》的演讲中说过这样一段话：在座的同学们，听了这个故事，你们是否想到，那两位老人辛苦了一生，很可能没见过什么冰箱、彩电，但他们却拿出自己积攒的钱修路，让国家把钱花在更有用的地方。也许，他们省下的钱就在供养着你和我，供养着我们这些大学生——时代的宠儿！当我们按月领取奖学金的时候，我们是否想到这样的老人？想到他们期望的目光和那淳朴的心愿呢？

演讲者在转述一个同学告诉他的关于两位老人卖开水攒钱捐助修路的事迹之后，一下子把视点投放到演讲的现场中来，通过运用设问的方式同听众直接交流，表现了当代大学生的社会责任意识和时代奉献精神。这种现场交流的意向，无疑促进了演讲者的情感投入，并取得了强烈的演讲效果。

演讲是一种交流，只有把演讲当作向听众倾诉自己思想感情的现场交流，演讲者的情感才会自然投入到演讲中去。

>>> 角色置换 <<<

在以叙述他人事迹为主的演讲中，演讲者可以把自己置放于被讲对象的位置上，设身处地去体察人物的思想情感。心理角色变了，切身感受有了，演讲者的真实感情也就自然投入进来了。这里有一段题为《正义与邪恶的较量》的演讲中说的一段话：

> 面对英雄的鲜血，我陷入了沉思。假如我是司机或售票员，目睹歹徒持刀抢劫，我会做出什么反应呢？也许我会用手紧紧捂住自己的钱包，颤抖着等待灾难的降临；也许我会出于求生的本能，不得已迎着歹徒带血的匕首，奋起一搏。但无论怎样，我可能不会像烈士那样，在自己受到威胁的情况下，为了全车乘客的安全而同歹徒进行殊死的搏斗，这就是英雄受到人们崇敬和怀念的重要原因。任何一个怯懦者和苟活者直面勇士的壮举，难道不感到愧疚和不安吗？

这里，演讲者在叙述了一辆长途客车的司机和售票员为了保护乘客安全而被持刀抢劫的五个蒙面歹徒残酷杀害的事迹后，变化了叙述角度，通过假设把自己置换到死者的角色定位上进行心理解剖和审视，触发了情感的投入。最后一句反问，既是对懦夫的谴责，也是对自己的忏悔，产生了强烈的情感震撼力。

激发参与

演讲过程中，要设法赋予听众一种积极参与而不是被动接受的角色。即使演讲时是你一个人在说话，仍然可以激发听众产生一种互动的感觉。采用听众参与的办法，合适的话可以请他们举手，请他们举例，请他们回答问题。

比如：

> 在座的各位有多少人今天吃了早饭？啊，我看见你们大约有一半人举起了手。这位朋友，你吃了什么？猪肉加鸡蛋。那边那位，你吃了什么？咖啡和面包圈。我听到还有果汁和烤肉、奶昔、

奶酪和酸奶。有没有人考虑过这个问题——不吃早饭就去上学的小学生占多大比例？

如果你不想放弃自己的主导地位，或者出于其他原因使听众开放式参与显然不切实际，仍然可以使听众保持在思想上积极参与：提出反问，请听众在脑海中设想你举的例子，观察他们的非语言反馈并做出答复。

比如：

> 我有一位同事，他总是在不合适的时间和地点来拜访我。你们有没有一些熟人属于这一类？有几位在点头。这种感觉是不是非常令人不快？我们可以从错误中学到东西。想一想你上次犯了什么错。稍微花点时间回想一次严重的错误。还记得吗？好。现在回想一下自己当时的心情。

五、刻苦训练，勤于积累

要想成为优秀的演讲家，就要具备广博的知识，因为要想给别人一杯水，自己要有一桶水。这是一个普通的常识。要说给别人听，首先就得自己有。别小看了演讲时的几分钟，论辩时的几句话，就这几分钟、这几句话，需要丰厚的知识积累。

有些演讲者有这样一个好习惯：准备一个小本子，把每天从报纸、杂志、课文中看到的观点、方法，好的词、句子都记录下来，有时间就拿出来看看，天长日久，就形成了自己的思想，有了自己的见解，也有了自己的词汇库。说起话来也就头头是道，也不觉得没词儿可说了，甚至常常能妙语惊人。这就是积累的结果。

一位演讲者在关于"怎么看待人生"的命题演讲中，有这样一段话：

> 怎样看待人生？曹操说："人生苦短，对酒当歌"。苏东坡说："哀吾生之须臾，羡长江之无穷。"人在失控两大维度中都是非常渺小的，转眼就过去。人生观正确的人，一辈子可以活得很充实，很积极，可以感触很多有意义的事。如果在人生观问题上没有一个合理的定位，糊里糊涂就过去了，最后什么也不是。

> 奥斯特洛夫斯基讲："人最宝贵的是生命，这生命属于每一个人只有一次。人的一生应当这样度过：当他回忆往事的时候，不因虚度年华而悔恨，也不因碌碌无为而羞愧。这样，在临死的时候，他就能够说，我的整个生命和全部精力都献给了世界上最壮丽的事业——为人类的自由和解放而斗争。"

> 马克思十七岁的时候，就有很高的精神境界，他在中学毕业论文里写过这样一句话："如果我们选择了最能为人类谋福利而劳动的职业，那么重担就不能把我们压倒，因为这是为大家而献身。"

这里，演讲者引用曹操、苏东坡以及奥斯特洛夫斯基的名言，引用马克思的事例，告诉了听众"如何去看待人生"。在演讲的另一面，我们也看到了，正是因为知识渊博，旁征博引，才能引得听众连连喝彩。

由此可见，一切优秀演讲家的经验都证明，丰富活跃的文化知识是演讲取得成功必不可少的条件。

储备力量是具有吸引力的，要把你用观察、阅读、好奇、感情和思想炼成的乳酪传达给观众。因此，为了储备力量，必须手头有足够的牛奶材料让你炼制乳酪。

初学演讲的人，要想形成自己独特的演讲口才风格，必须下一番苦功夫，多学，勤练，久而久之，一定会形成具有个人特色的演讲口才风格。

抓住一切机会，运用恰当的方法刻苦磨炼，是演讲口才家取得成功的一条重要经验。磨炼的方法是多种多样的，主要如下：

>>> 多　讲 <<<

要想学会游泳，就必须下水。如果不下水，即使游泳知识再丰富，游泳书看得再多，也仍然是个旱鸭子。锻炼演讲也是如此。只有利用一切机会多讲、多发言、多参加论辩，不怕别人笑话，积以时日，演讲水平才能有长进。终日缄口不语，永远也不会有进步。

>>> 多　读 <<<

培根有一句名言："读史使人明智，读诗使人灵秀，数学使人周密，物理使人深刻，伦理学使人庄重，逻辑与修辞使人善辩。"多读书会使人头脑灵活，思维敏捷，视野开阔，语言丰富。因此，要锻炼演讲能力，读书是一个有效的方法。当然，读书也包括朗读和唱读。

>>> 多　诵 <<<

凡是动人的、充满魅力的演讲，都是既倾注演讲者炽热的情感，又有抑扬顿挫、高低快慢的语调。而诵则是锻炼语调的一种有效方法，同时也能纠正口吃的毛病。诵是背的艺术化，经常诵读，对于提高演讲的口语表达水平，是很有帮助的。

>>> 多　背 <<<

赫尔岑说："书是和人类一起成长起来的，一切震撼智慧的学说，一切打动心灵的热情，都在书里结晶成形……"这就告诉我们，书中有充实演讲口才所需的智慧和学问，如论辩的实例、演讲的名篇、语言的艺术等。在读书的基础上，适当地背一些名篇、名段、名句，加深理解，对于训练自己的演讲能力，大有益处。

多　　练

"冰冻三尺，非一日之寒"，演讲口才是经过长期磨炼才形成的。古罗马著名雄辩家和演讲家西塞罗说得好："训练有文化素养的雄辩家的方法，不在于背诵演讲的规则，而在于实地练习。"当然，练习要根据自己的思维能力、语言水平和心理特征来确定其重点，由易到难，循序渐进。口才训练主要应从语音、语量、语力、语调、语汇、语速、语脉、语境、语态等九个方面进行，扬己所长，补己所短，持之以恒。

另外，还要注意在社会实践中磨炼演讲口才。丰富多彩的社会实践活动是磨炼演讲能力的最好课堂，世界著名的演讲大师都是在这个大课堂里锻炼其口才的。

相信，只要下功夫，只要在实践中刻苦锻炼，每个人都能成为演讲大师，每个人都能形成具有个人特色的演讲风格。